Carl Blümlein

Bilder aus dem römisch-germanischen Kulturleben

Carl Blümlein

Bilder aus dem römisch-germanischen Kulturleben

ISBN/EAN: 9783955642037

Auflage: 1

Erscheinungsjahr: 2012

Erscheinungsort: Bremen, Deutschland

@ EHV-History in Access Verlag GmbH, Fahrenheitstr. 1, 28359 Bremen. Alle Rechte beim Verlag und bei den jeweiligen Lizenzgebern.

BILDER

AUS DEM

RÖMISCH-GERMANISCHEN KULTURLEBEN

(NACH FUNDEN UND DENKMÄLERN)

HERAUSGEGEBEN VON

CARL BLÜMLEIN

DIREKTOR DES KAISERIN AUGUSTE VICTORIA-LYZEUMS
ZU BAD HOMBURG V. D. H.

MÜNCHEN UND BERLIN 1918
DRUCK UND VERLAG VON R. OLDENBOURG

Abb. 1. Nero Claudius Drusus (London).

Vorwort

„Jeder Spatenstich unserer Ausgrabungen nimmt ein Stück von dem Nimbus, mit dem wir in vermeintlichem Bewußtsein selbständiger Leistungsfähigkeit die Schöpfungen unserer modernen Kultur so gerne umgeben." Diese Worte H. Jacobis bestätigen die Richtigkeit der Mahnung, in die Vergangenheit zurückzublicken, wenn man die Gegenwart recht verstehen will. Wir können unsere Kultur und ihre Fortschritte nicht gerecht würdigen, wenn wir nicht auf die Grundlagen dieser Kultur zurückgehen, nicht die Wurzeln, aus der sie sich zu ihrer machtvollen Bedeutung entwickeln konnte, bloßlegen. Diese Überzeugung, der auch der preußische Kultusminister Ausdruck gab, indem er bei der Erklärung der alten Autoren neben der ästhetischen Auffassung auch den Zusammenhang zwischen der antiken Welt und der modernen Kultur betont wissen will, bricht sich glücklicherweise auch bei den Geschichtslehrern neuerdings Bahn; sie erkennen, daß es nicht darauf ankomme, die vielen Schlachten des Dreißigjährigen und Siebenjährigen Krieges, sämtliche Kaiser mit Jahreszahlen, die hohenzollernschen Kurfürsten u. a. hersagen zu können. Unser Büchlein will an seinem bescheidenen Teil mitwirken, weiteren Kreisen die Kenntnis jener Grundlagen zu vermitteln, insofern die Römer dazu beigetragen haben; die Zeit römischer Geschichte, in die wir den Leser einen Blick tun lassen, ist, wie ein Forscher mit Recht sagte, im letzten Grunde ein sehr beträchtliches Stück deutscher Geschichte. „Die germanische Welt wurde von dem Römertum, diesem selber freilich unbewußt, gleichsam in Zucht und Lehre genommen, eingeführt in den Kreis antiken Lebens, Wissens, Könnens und damit zugleich in das damals gerade sich öffnende Gottesreich des Christentums. Den Römern konnte nichts ferner liegen, als mit bewußter Absicht ihre Gegner in eine Schule der Bildung und Gesittung zu zwingen und sich selbst die Rute zu binden, die sie züchtigen sollte. Aber was die römischen Cäsaren ersonnen den blondhaarigen Recken zum Trutz, das gerade ward deutschem Wesen zum Schutz" (Cramer). Wie sich diese politisch-soziale Erziehung vollzog, wie der Germane in die verfeinerte Lebenskultur der Römer eingeführt wurde, das kann hier nicht auseinandergesetzt werden. Aber schon ein Blick in die Bilder unseres Heftes, ein Vergleich zwischen dem hier aus römischem und germanischem Leben Gegebenen und zugleich ein Blick auf die Gegenwart werden genügen, den Betrachter zu überzeugen, von welch hoher Bedeutung jene Zeit der römischen „Knechtschaft" für die Germanen und damit für uns geworden ist. Hauptsächlich also sollen die Bilder reden; durch sie sollen die toten Buchstaben der Autoren und Geschichtsbücher lebendig werden, sie sollen auch eine ausgiebigere Beschreibung in den meisten Fällen überflüssig machen[1]). Der Text stützt sich auf die neuesten Forschungen und bewährtesten Quellen; freilich mußte manches Hypothetische als positiv gegeben werden, weil Erörterungen von Streitfragen, deren es besonders auf germanischem Gebiet so viele gibt, ausgeschlossen waren. Bei der Auswahl der Bilder wurde darauf gesehen, möglichst Charakteristisches, Typisches zu geben; der Mangel an Raum nötigte allerdings dazu, daß manches aus der reichen Fülle der Funde wegzulassen. Manchmal mußten freilich die Grenzen überschritten werden, indem einerseits auf Nachbargebiete übergegriffen, andererseits die zeitlichen Absteckungen etwas weiter ausgedehnt wurden. Daß das Germanische oft zurücktritt, erklärt sich aus dem Mangel an geeigneten Funden und Vorlagen; hier werden die künftigen Ausgrabungen noch manches Licht über dunkle Gebiete verbreiten müssen.

Allen, die mir bei der Beschaffung der Abbildungen behilflich waren, in erster Linie den Herren Baurat Jacobi, Prof. Dr. Wolff, Geh.-Rat Dr. E. Wagner, Prof. Dr. Götze, Prof. Dr. Köpp, Prof. Neeb, dem der Abschnitt Christentum verdankt wird, Prof. Dr. Schumacher, Kommerzienrat Ludovici, Dr. Sprater, Prof. Dr. Krüger, Dr. Quilling, der den Text zu Kap. VIII c—e lieferte, spreche ich auch an dieser Stelle meinen herzlichen Dank aus.

Über die im folgenden behandelten Gegenstände seien Weiterstrebende auf die für weitere Kreise bestimmten Arbeiten verwiesen:

Fr. Koepp, Die Römer in Deutschland. H. Dragendorff, Westdeutschland zur Römerzeit. Asbach, Zur Geschichte und Kultur der römischen Rheinlande. Fr. Cramer, Deutschland in römischer Zeit. E. Schulze, Die römischen Grenzanlagen in Deutschland und das Römerkastell Saalburg. H. Lamer, Römische Kultur im Bilde. K. Schumacher, Materialien zur Besiedelungsgeschichte Deutschlands. F. Fuhse, Die deutschen Altertümer. H. Fischer, Deutsche Altertumskunde. G. Steinhausen, Germanische Kultur in der Urzeit.

---

[1]) Fritsch, Die einheimische Altertumskunde im Unterricht. Mainzer Zeitschr. 6, 23. — Cramer, Die römisch-germanische Forschung in ihrer Bedeutung für den Unterricht. Römisch-Germ. Studien, S. 21.

INHALT

I. Befestigungswesen. Seite
a) Limes 1
b) Kastelle 4
c) Straßen und Flüsse 13
d) Ringwälle und german. Straßen 21
e) Brücken 24

II. Siedlungswesen.
a) Städte 26
b) Lagerdörfer 29
c) Gutshöfe 29
d) Bäder 32
e) Öffentliche Gebäude 33
f) Germanische Siedlungen 35

III. Wasserversorgung und Entwässerung.
a) Brunnen 39
b) Wasserleitungen 41
c) Kanäle 42

IV. Heizung und Beleuchtung . . 42

V. Bauwesen und Bildnerei.
a) Mauerbau 45
b) Ziegel 47
c) Stein 49

VI. Bewaffnung. Seite
a) Schutz- und Trutzwaffen der Römer . . . 51
b) Feldzeichen 65
c) Militärische Ehrenzeichen 67
d) Musikinstrumente 68
e) Pferdeausrüstung 69

VII. Geräte.
a) Tonwaren 71
b) Glaswaren 80
c) Mühlen und Bäckerei 82
d) Holzgeräte 84
e) Metallgeräte 85
    Schreibgeräte 90
    Münzen 94
f) Schuhe 96
g) Schmuck u. ä. 98
h) Spiele 101

VIII. Kultwesen.
a) Begräbnis 102
b) Altäre 109
c) Kaiserkultus 111
d) Juppiter- und Gigantensäulen 111
e) Christentum 116

Register 119

I. Befestigungswesen.

Der Limes.

Unter Oberleitung der Reichslimeskommission wurde in Süddeutschland von einer stattlichen Reihe erprobter Gelehrter die Grenzscheide erforscht, die zur Römerzeit den Nordosten des römischen Imperiums gegen die germanischen Völker abschloß und die Sicherung der Provinzen Germania superior und Raetia bildete.

Als Vorland und zum Schutz der gallischen Provinz sollte nach dem Plane des Augustus ein römisches Germanien bis an die Elbe ausgedehnt werden, Köln sollte der Mittelpunkt des neugewonnenen Gebietes sein. Durch die Varusschlacht, 9 n. Chr., wurde dieser großzügige Plan, den Drusus (s. Titelbild) und Tiberius so erfolgreich eingeleitet hatten, vereitelt; die geplante Großprovinz Germania schrumpfte zu den bescheidenen Provinzen Ober- und Untergermanien zusammen, und zwar lag letzteres auf dem linken Rheinufer, das südliche Obergermanien aber umfaßte das linke Rheinufer, zog auch das rechte in seinen Bereich und schloß

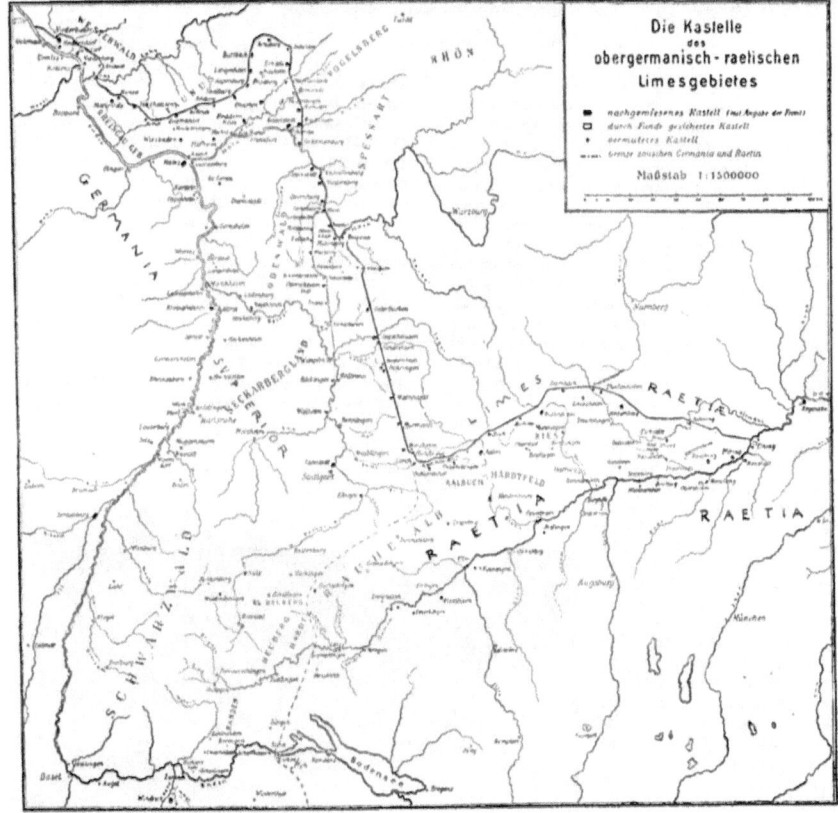

Abb. 2.

Abb. 3. Limes (Pfahlgraben) bei der Saalburg.

sich an Rätiens Grenze an. Das waren natürlich nur Verwaltungsgrenzen, die Bevölkerung war fast überall gemischt, dies gilt auch von der belgischen Provinz, die einen starken germanischen Einschlag hatte.

Durch des Kaisers Domitian Chattenfeldzug im Jahre 83 n. Chr. war es gelungen, die Landschaft zwischen Taunus und Main, die östlich sich anschließende Wetterau und den Zipfel zwischen unterer Lahn und Rhein zu unterwerfen. Zur Sicherung diente in erster Linie die Garnison von Mainz, die 22. Legion. Im neueroberten Land wurden Kastelle errichtet, so in Wiesbaden, Hofheim, Heddernheim u. a. Von hier aus wurden Straßen angelegt nach den vorgeschobenen Posten auf der Höhe des Gebirgs, den Erdkastellen, an deren Stelle später steinerne Befestigungen traten, so der Capersburg, Saalburg, des Feldbergkastells u. a. Als Vorposten lagen in Holztürmen kleine Besatzungen. Ähnlich organisiert war der Abschnitt, dessen Grenze bei Ems über die Lahn, am Neuwieder Becken vorüber nach dem Rhein führte, der Mündung des Vinxtbaches gegenüber. Nach Süden zu, nachdem Trajan und seine Nachfolger das neue Gebiet erweitert hatten, umfaßte die Grenze, von der Saalburg ausgehend, in weitem Bogen die fruchtbare Wetterau; von Hanau an bis etwa Wörth bildete der Main den Abschluß, dann durchschnitt die Grenze den Odenwald, ging bei Wimpfen an den Neckar und nun den Fluß entlang bis Cannstatt. Parallel zur Strecke Wörth-Cannstatt weiter nach Osten zu läuft die zweite, spätere Grenzlinie, und zwar von Miltenberg a. M. in fast gerader Linie etwa bis zum Hohenstaufen, und wendet sich dann in fast rechtem Winkel ostwärts bis nach Hienheim vor Regensburg

(Abb. 2)[1]. Zuerst war diese Grenze geschützt durch Erdkastelle, in denen kleine Besatzungen lagen, sowie durch Wachttürme, die von einem 3,5—4 m breiten, 2 m tiefen Spitzgraben umgeben waren. Die Türme selbst waren Holzbauten und in der Weise gebaut, daß auf einer nach Art einer Tenne hergestellten Plattform 4 starke Eckpfosten errichtet und mit Holzstreben verbunden wurden. Die Wände waren aus Flechtwerk mit Lehmbewurf hergestellt.

Hadrian nun gab die großen Kastelle in der Ebene auf und wandelte die Erdschanzen in umfangreichere Steinholzkastelle um, die jetzt größere Besatzungen aufnahmen. Die Grenze, limes genannt, war nun keineswegs überall gleichmäßig gesichert. Für die älteren Stücke nimmt man Verpalisadierung an in der Art, daß mächtige Baumstämme in die Erde gerammt wurden, die durch Querhölzer und vielleicht Flechtwerk verbunden und zusammengehalten waren. Eine solche Anlage bot jedoch bei kriegerischen Unternehmungen nicht hinreichenden Schutz, und so trat an deren Stelle oder gleichzeitig dahinter ein Graben von $2^{1}/_{2}$ m Tiefe und 6 m Breite und ein Erdwall (Abb. 3, 4 und 5), während auf der Donaustrecke in Rätien die Palisaden durch eine 1 m dicke Mauer von $2^{1}/_{2}$ m Höhe (im Volksmund Teufelsmauer genannt) ersetzt wurden. Sie hat 175 km Länge, während die Wallstrecke (vom Volk Pfahl oder Pfahlgraben genannt) 380 km lang ist (Abb. 5).

Holztürme oder Steintürme bildeten einen Teil dieser Grenzbefestigung; sie liegen unmittelbar an dem Wall bzw. der Mauer, ihre Zahl übersteigt 900. „Es

[1]) Die Ziffern verweisen auf die entsprechenden Bilder im Text.

Abb. 4. Limes, Pfahlgraben (die neue Straße läuft über dem Graben her).

waren viereckige Gebäude mit einem steinernen Unterstock. Am zweiten Stockwerk, das aus Balken oder aus Fachwerk hergestellt ist, tritt eine ringsum laufende Galerie mit Holzgeländer hervor; das Dach ist mit Brettern oder Stroh gedeckt. Ein kleiner, von Palisaden gebildeter Hof umgibt die Türme, deren Grundmauern 4—5 m messen, während der freie Raum im oberen Stockwerk 12—14 qm hielt. Hier konnten 3 Mann neben einer kleinen Feuerung auf dem Lehmboden schlafen, und es blieb Platz für ein Aufsteigeloch, zu dem man mit einer Leiter gelangte." (Abb. 6.)

Abb. 7 zeigt als jüngere Anlage die Steinmauer mit einem dazugehörigen Steinturm und dabei den älteren Palisadenzaun und den zu ihm gehörenden Holzturm, der ebenfalls von einer Palisade umgeben ist.

Während der Feldzüge des 1. Jahrhunderts wurden für die Truppen Feldlager angelegt, oft von bedeutendem Umfang, da in ihnen eine, manchmal auch mehrere Legionen, untergebracht werden mußten; solche Lager sind z. B. in Oberaden mit 40 ha Flächeninhalt, Haltern, Hofheim und Heldenbergen ausgegraben worden. Die Bauten und Anlagen im Innern werden sich wohl an das bei den festen Lagern übliche Schema gehalten haben, in bezug auf die äußere Form war aber in erster Linie das Gelände selbst maßgebend. Belegt waren solche Lager von Legionen und Hilfstruppen (auxilia), später wurden letztere besonders untergebracht, die Reiterei dagegen blieb bei den Legionen.

Regelmäßiger angelegt waren die Erdlager, die als Standlager dienten, so in Xanten (Vetera), das mit 2 Legionen belegt war, Mainz, Neuß, Urmitz, Regensburg. Kohorten lagen in den ältesten Limeskastellen, die aus Erde und Holz erbaut waren, so in Kesselstadt und auf der Saalburg. Viele dieser Kastelle machten verschiedene Wandlungen in Anlage und Bau durch,

Abb. 6. Römischer Wachtturm.

so haben wir z. B. bei der Saalburg zwei Erdschanzen, ein Erdkastell (84 × 80 m), Erdholzkastell, Steinholzkastell und ein Steinkastell (222 × 147), zerstört um 260 n. Chr., in welchem Jahre infolge der Alamanneneinbrüche der Limes fiel.

Nach dieser Zeit wurde die Rheinlinie aufs neue gesichert durch Erbauung neuer Kastelle und Befestigung vieler Städte an dem Fluß, so in Alzey, Kreuznach, Konstanz. Von besonderer Wichtigkeit waren schon früher wie bei der neuen Rheinlinie die auf dem rechten Ufer liegenden Brückenkopfbefestigungen wie in Kastel und Deutz.

Abb. 5. Wall und Graben des Limes mit Durchgang und Wachtturm.

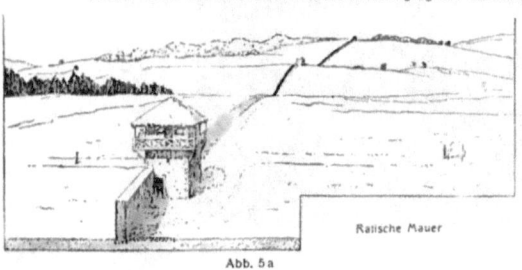

Rätische Mauer

Abb. 5a

In dem von den römischen Besatzungen und Beamten geräumten rechtsrheinischen Gelände blieb wohl die galloromische und germanisch-römische Bevölkerung in ihren Sitzen, vornehmlich auf dem Land, wenn auch die alamannischen Häuptlinge die besten Teile des Gebietes für sich und ihre Krieger in Anspruch nahmen. Die Kastelle selbst dienten nicht mehr als Befestigungen, sie zerfielen gleichwie die Lagerstädte, denn die Eroberer mieden die Städte „wie umgitterte Friedhöfe".

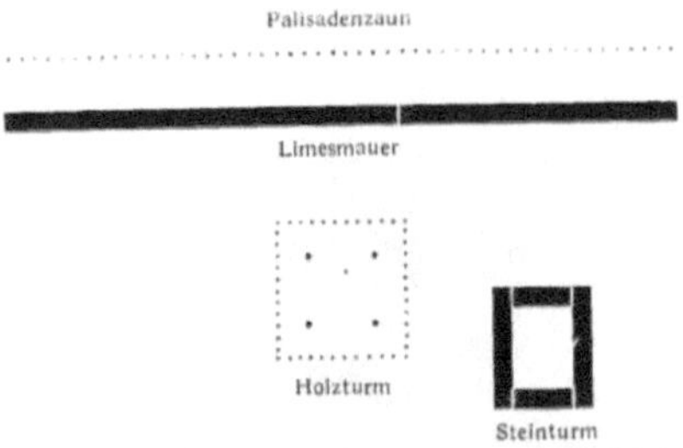

Abb. 7. 1. Befestigung des Limes (Palisadenzaun und Holzturm), daneben die 2. Befestigung (Mauer und Steinturm).

Anders auf dem linken Rheinufer; hier überdauern die befestigten Römerstädte die Stürme der Völkerwanderung, und bis ins 10. Jahrhundert gibt es dort nur Römerstädte, und wenn „Mainz, Köln, Trier kulturell wie politisch durch das ganze Mittelalter führend bleiben, so ist auch diese ihre Stellung ein Erbe der Römerzeit" (Dragendorff).

Die Kastelle.

Die Kastelle am Limes sind nicht gleich groß (Abb. 10); so hatte Niederbieber einen Umfang von etwa 51 000 qm und eine Besatzung von einer Kohorte und zwei Numeri, das Kastell bei Aalen hatte 60 300 qm Umfang und war mit einer Ala miliaria, d. h. einem Reiterregiment von 1000 Pferden belegt. Eine größere Anzahl von Kastellen von 20—35 000 qm Flächeninhalt hatte wahrscheinlich eine Kohorte von 500 Mann als

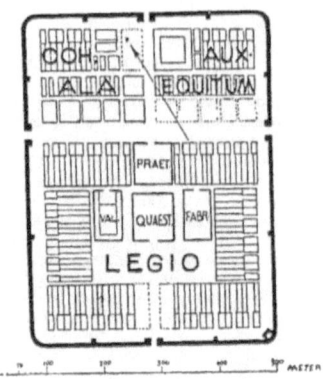

Abb. 8. Standlager für 1 Legion bei Neuß.

Besatzung, eine dritte Gruppe ist 10—18 500 qm groß, eine weitere 4900—7900. Für solche ist vielleicht ein Numerus als Besatzung anzunehmen. Zu beachten ist, daß in Kriegsläufen eine Verstärkung dieser anzunehmen ist. Bekam ein Kastell eine größere Garnison, als es aufnehmen konnte, so vergrößerte man es durch Anbau (Abb. 11).

Die meisten römischen Kastelle im germanischen Land haben in der Anlage wie in den Bauten so viel Ähnliches und Gemeinsames, daß die Betrachtung eines Kastells ein klares Bild dieser Befestigungen gibt; wir wählen hierzu die Saalburg (Abb. 12, 13). Sie liegt an der Stelle, wo der Taunus die tiefste Einsattelung hat und wo eine uralte Völkerstraße aus der Mainebene über das Gebirge nach Norden in die Lahngegenden führte. Hier wurden, als die Römer nach Eroberung der Ringwallverschanzungen auf dem Taunuskamme ihre Posten vorschoben, am Passe zwei kleine Erdschanzen (Abb 14, 15) errichtet für ein Wachtkommando oder für die Soldaten, die das eigentliche Erdkastell aufführen sollten. Dieses war quadratisch, hatte Wall mit Palisadenbrustwehr und Graben (Abb. 16).

Als es sich zu klein erwies, wurde über seinen Resten, diese weit umfassend, aus Holz und Erdwerk ein Kohortenkastell erbaut. Seine Umfassung wurde unter Hadrian ersetzt durch Doppelmauern aus Steinen ohne Mörtel

Abb. 9. Kastellmauer mit Zinnen (unter dem weggeräumten Wehrgang die Mauerreste des überbauten Stein- Holzkastells.

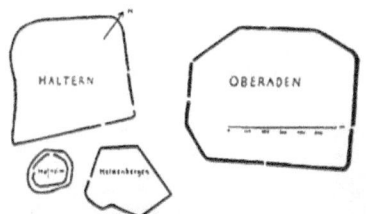

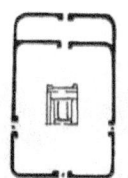

Abb. 10. Ältere Kastelle verschiedenen Umfangs.

Abb. 11. Kastell Osterburken und Butzbach mit der nachträglichen Erweiterung.

verband, die nach Art der Ringwallmauern durch Balken zusammengehalten wurden, wobei der Raum zwischen den Stirnmauern mit Erde und Steinen ausgefüllt wurde (Abb. 9). Aber auch diese Mauer wurde später bis zur Bodenhöhe abgetragen und durch eine massive gemörtelte Mauer ersetzt.

Nähern wir uns dem Lager, so treffen wir zuerst auf die Doppelgräben, von denen jeder 3 m tief und 8 m breit ist. An sie schließt sich ein etwa meterbreiter horizontaler Streifen, die Berme, und hinter ihr steigt die 3 m hohe und 2 m dicke, mit starken Zinnen gekrönte Umfassungsmauer auf; hinter ihr läuft der etwa 2,50 m breite Wallgang her, auf dem die Verteidiger Aufstellung nahmen. Das Kastell selbst hat eine rechteckige Form mit 222 m Längs- und 147 m Schmalseite. Die Stärke der Garnison betrug in Friedenszeiten etwa 500 Mann; die Inschriften bezeugen uns, daß diese die 2. Kohorte der Räter, die Cohors II Raetorum civium Romanorum Antoniniana, bildete. In den Kriegswirren war die Besatzung wohl verstärkt.

Die Soldaten waren in Baracken untergebracht; bei diesen erstrecken sich „für gewöhnlich zwei lange Räume längs eines schmalen Hofes, die sich zusammensetzen aus der für die taktische Einheit nötigen Anzahl von Kammern für die Kontubernien — wir sagen heute Korporalschaften —, welche beiderseits an einem Ende abgeschlossen werden von einigen Räumen für den Centurionen, heute: den verheirateten Unteroffizier und Feldwebel. An der Hofseite entlang läuft auf jedem Flügel ein offener Korridor, der für einen geschützten Aufenthalt der Soldaten außerhalb der kleinen Kammern, zum Reinigen von Uniformen, Waffen u. a. von großem, praktischem Werte ist" (H. Jacobi) (Abb. 17, 18).

Außerdem lag innerhalb der Kastellmauern noch die Wohnung des Kommandanten, die Fabrica oder Waffenschmiede, das Arrestlokal u. a.

Die Umfassungsmauern des Kastells waren von 4 Toren durchbrochen. Die Tore der Limeskastelle sind fast alle quadratisch oder rechteckig, doppel- und eintorig ohne besonderen Plan, mit der Vorderflucht meist in die vordere Flucht der Wallmauer einbezogen, keines hat wie die Stadttore einen Binnenhof (Abb. 19). Das dem Feinde zugekehrte Tor heißt die Porta praetoria. Sie wurde bei Kriegsgefahr fest verschlossen oder gar zugemauert. Ihr gegenüber, an der anderen Schmalseite, liegt die Porta decumana (Abb. 20), zu der bei der Saalburg von außen über die Spitzgräben eine Holzbrücke führte. Die an den beiden Längsseiten des Kastells liegenden

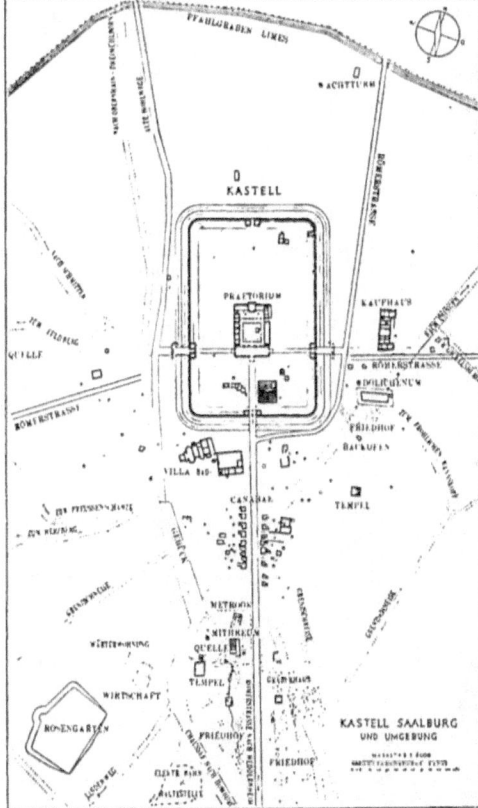

Abb. 12. Kastell Saalburg und Umgebung.

Abb. 13. Kastell Saalburg (Gesamtansicht.)

Tore heißen Porta principalis dextra und sinistra. Die sie verbindende Lagerstraße schneidet sich mit der vom Haupttore kommenden in den Principia, der Stelle, die von einer großen **Exerzierhalle** (Abb. 21, 1) eingenommen wurde. Sie bildet die vordere Seite des **Prätoriums**, des ausgedehntesten Baues des Kastells (Abb. 21 udd 22). Um einen viereckigen Raum, das **Atrium** (5), in dem sich zwei etwa 20 m tiefe Ziehbrunnen befinden, lagert sich eine Reihe von Räumen von verschiedener Bestimmung; auf der einen Seite jener Langbau der **Exerzierhalle** (11,5×38,5 m); hier übten sich die Soldaten bei schlechter Witterung im Schießen mit dem Wurfspeer, fochten mit dem Schwert oder machten bewaffnet oder unbewaffnet an hölzernen Pferden Turnübungen.

An der rechten Seite des Hofes zeigt sich die langgestreckte **Waffenkammer** (2), wo die mannigfachen Geräte des Krieges aufbewahrt wurden; sie hieß armamentarium. Zu ähnlichen Zwecken mag auch der diesem gegenüberliegende Bau gedient haben. Aus diesem Hof, der von einem gedeckten Umgang umgeben ist, tritt man in einen schmaleren rechteckigen Hof. Die Breitseite nimmt hier das Lagerheiligtum (Abb. 21, 4), sacellum, ein, das die Feldzeichen, die Bilder der Lagergottheiten und des Kaisers und seiner Angehörigen enthielt (Abb. 25—28). Rechts von diesem Bau erhob sich das mit heizbaren Zimmern versehene **Archiv**, tabularium (6), ihm gegenüber das Wachtlokal, excubitorium, für die zur Bewachung des inneren Prätoriums bestimmten Mannschaften (7).

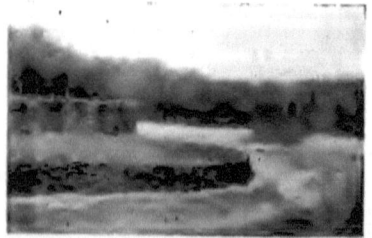

Abb. 15. Erdschanzen bei der Saalburg (rekonstruiert).

Von anderen Gebäuden innerhalb des Lagers ist besonders das **Magazin**, horreum, zu erwähnen (links). Es ist 21 × 24 m groß und durch Parallelmauern in längliche Kammern geschieden. Die Stärke dieser Mauern deutet darauf hin, daß sie einen Bodenraum zu tragen hatten, der schwere Lasten enthielt, wahrscheinlich Getreide; bekam doch der Soldat täglich eine Weizenration, die etwa 2½ Pfund Brot entsprach. Diesem Magazin gegenüber lag ein Bau mit acht Gelassen, von denen zwei mit Heizung versehen waren; wir haben hier wahrscheinlich die Amtszimmer des Kommandanten oder des Quästors vor uns, das **Quaestorium**, wo dieser mit seinen Schreibern und Buchhaltern die Geld-

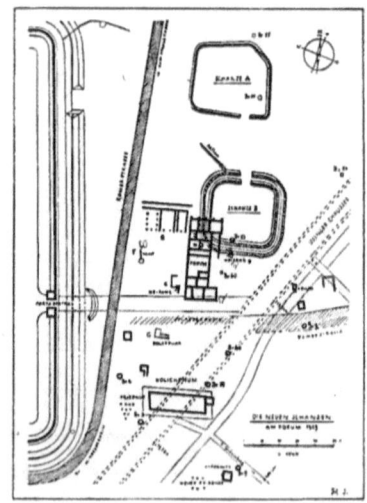

Abb. 14. Erdschanzen bei der Saalburg.

geschäfte der Truppen regelte (Abb. 30, rechts). Das auf dem Plane zwischen Prätorium und porta praetoria gelegene **Badegebäude** gehörte zu dem dem Steinkastell vorangehenden Lager. Es weist nur Räume für Warm- und Kaltbad auf, und man geht wohl nicht fehl, wenn man es als Teil des Lazaretts ansieht, das in einem Lager nicht fehlen durfte.

Ein für ein Lager unentbehrlicher Bau war das **Lazarett** (valetudinarium). Nahe dem Dekumantore liegt das größte Bauwerk der ganzen Anlage, die sog. Villa, die drei nicht heizbare und 8 mit Luftheizung versehene Räume aufweist. Der große Saal hat eine Länge von 12,5 und eine Breite von 6,25 m. Ähnliche Bauten finden sich bei den meisten größeren Kastellen; sie mögen wohl nicht ausschließlich zu Badezwecken, sondern ähnlich wie in Italien die Thermen, auch zu geselligen Zwecken gedient haben. Fenster-

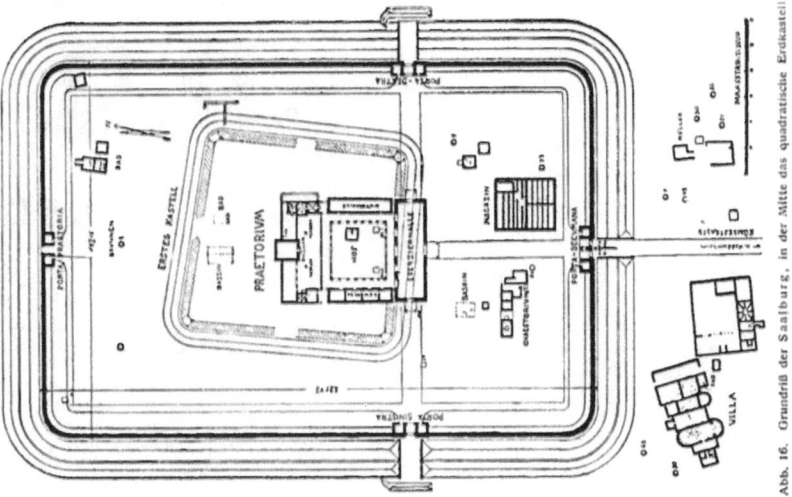

Abb. 16. Grundriß der Saalburg, in der Mitte das quadratische Erdkastell.

Abb. 17. Soldatenbaracken (Saalburg).

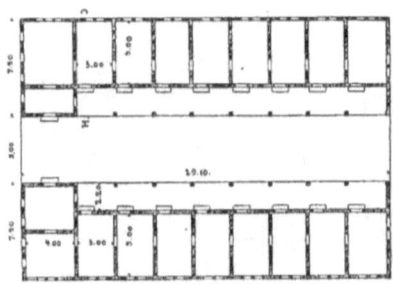

Abb. 18. Mannschaftsbaracke (nach H. Jacobi).

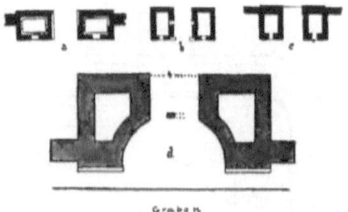

Abb. 19. Kastelltore.
a Wörth a. M., b Oberscheidenthal, c Kapersburg, d Tellenhofen, e Bonn, f Schierenhof, g Ruffenhofen.

scheiben aus grünlichem Glas, farbiger Verputz und Stuckarbeit geben Kunde von der vornehmen Ausstattung der Räume (Abb. 31).

Zur militärischen Besetzung des römischgermanischen Gebietes am Rhein, das im 1. und 2. Jahrhundert eine Besatzung von etwa 2 Legionen neben den Hilfstruppen hatte, sei folgendes bemerkt:

Die Legion umfaßt 6100 Mann Fußsoldaten und 720 zu Pferde. Während sie im 1. Jahrh. n. Chr. noch hauptsächlich aus Italienern bestand, konnten in der Folgezeit auch Provinzialen in ihr Dienst tun. Der letztere dauerte anfangs 20, nachher 16 Jahre. Befehligt wird sie vom Legatus.

Die Hilfstruppen, aus den Provinzen sich rekrutierend, sind in Kohorten eingeteilt, die je 500 Mann umfassen, und zwar häufig 380 Mann zu Fuß und 120 zu Pferde. Eine Doppelkohorte, cohors miliaria equitata, hatte eine Stärke von 760 Fußsoldaten und 240 Reitern. Alae sind die aus solchen Hilfstruppen gebildeten Reiterregimenter; eine Ala quingenaria umfaßte 16 turmae zu 30 Mann = 480 Mann; die Ala miliaria umfaßte 24 turmae zu 40 Mann = 960 Mann.

Numeri sind Abteilungen von 200—400 Mann nichtrömischer Herkunft. Aus politischen Beweggründen verwendete man die Hilfstruppen gewöhnlich nicht in der Gegend, aus der sie sich rekrutierten; so erklärt es sich, daß wir im Limesgebiet Helvetier, Dalmatier, Bataver, Syrier, Bosnier, Afrikaner, Gallier, Briten, Spanier und andere Nationen antreffen; solche Verschiedenheit gibt uns zugleich ein Abbild von der Organisation und Größe des römischen Weltreichs.

Abb. 20. Dekumanter von außen (Saalburg), im Hintergrund die Exerzierhalle.

Abb. 21. Prätorium.
1 Exerzierhalle, *2* und *3* Waffenhalle, *4* Lagerheiligtum, *5* Hof, *6* Archiv, *7* Wachtlokal.

Abb. 22. Blick in den Hof des Prätoriums (Saalburg).

Abb. 23. Exerzierhalle, Horreum und Dekumantor.

Abb. 24. Dekumantor von Innen (Saalburg).

Abb. 25. Kaiser Hadrian (117—138 n. Chr.).

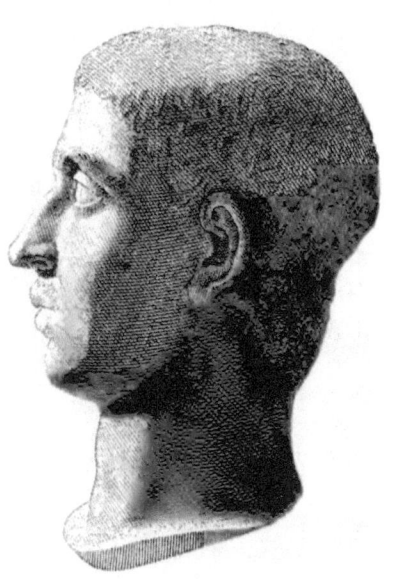

Abb. 26. Kaiser Severus Alexander.

Abb. 27. Sabina, Gemahlin Hadrians.

Abb. 28. Julia Mamaea, Mutter des Severus Alexander, mit diesem 235 n. Chr. von ihren Soldaten in Mainz ermordet.

Abb. 29. Fahnenheiligtum, Sacellum (Saalburg).

Abb. 30. Blick auf Magazin, Dekumantor und Quästorium vom Haupteingang der Exerzierhalle aus (Saalburg).

Abb. 31. Südfront der Saalburg, im Vordergrunde die Reste der Villa.

Auch die anderen Truppenteile wurden oft verlegt; so kam die 12. Legion aus Jerusalem an den Rhein, eine batavische Kohorte an den rätischen Limes (castra Batava = Passau), Räter an den rheinischen Limes usw.

Nach der Entlassung erhielt der Veteran eine Bescheinigung, ein sog. Militärdiplom, gewöhnlich aus zwei zusammengeschnürten Bronzetäfelchen bestehend, in dem dem Inhaber und seinen Nachkommen das römische Bürgerrecht und das Recht, mit Frauen fremder Herkunft eine Ehe nach römischem Recht einzugehen, zugesichert wurde.

Straßen und Flüsse.

„Eines der ersten Erfordernisse (des Feldherrn) ist, daß er Landkarten, itineraria, aller jener Gegenden, durch die er mit seinem Heere zieht, bei sich führt, auf welchen die Entfernungen aller Örter, nach Schritten gezählt, nebst den Heer- und Nebenwegen richtig aufgezeichnet sind, worauf nicht nur die Beschaffenheit der Wege, sondern auch die Kürze der Wege (compendia), die Abwege, die Berge, der Zug der Gebirge, dann der Lauf der Flüsse genau und getreu angegeben sind." Von solchen Karten, wie sie der Militärschriftsteller Vegetius hier verlangt, haben wir noch wenige Reste, das Itinerarium Antonini, das 372 Römerstraßen mit Angabe der Stationen und ihrer Entfernungen im römischen Reich enthält, und die Tabula Peutingeriana, ein 34 cm breiter und 7 m langer Streifen. Von geographischer Projektion ist hier nicht die Rede. (Abb. 32.)

Die Straßen, die die Römer im eroberten Gebiet anlegten, waren in erster Linie Militärstraßen, vom Militär angelegt und für seine Zwecke bestimmt. Sie verbinden die befestigten Orte miteinander und gestatteten, Truppenmassen möglichst rasch von einem zu dem anderen dieser Orte zu werfen. Daher kommt es, daß sie, wo es das Gelände erlaubt, meist geradlinig nach dem Lineal von den Ingenieuren abgesteckt und von den Soldaten angelegt sind. „Der Bau (Abb. 32) wurde in der Weise ausgeführt, daß zuerst zwei zueinander parallellaufende Gräben, sulci, die den Straßendamm, limes, einfassen sollten, gezogen werden. Das zwischen den Gräben liegende lockere Erdreich wurde ausgehoben, und rechts und links wurde eine Reihe großer Randsteine gesetzt, die man in sumpfigen Gelände mit starken Holzpfählen befestigte. Der ganze Zwischenraum wurde mit einer Lage größerer Steine ausgelegt. Auf diese Unterlage trug man mit leichter Wölbung zwei bis drei weitere Steinschichten auf. Den oberen Abschluß machte eine aus kleinem Steinschlag hergestellte Bedeckung, die einen glatten Fahrdamm bildete und das Regenwasser rechts und links in die Gräben abfließen ließ" (Schulze). Als Normalbreite kann man 4 m annehmen. An der Straße stand in der Entfernung von 1000 Doppelschritt ein Meilenstein, eine runde oder viereckige Steinsäule, die neben den Namen und

Abb. 32. Röm. Straße (Durchschnitt).

Titeln des Kaisers, unter dem sie gesetzt war, die Zahl der Meilen (MP) aufweist, die sie von dem Hauptort der betreffenden Provinz entfernt war (Abb. 35). Neben der römischen Meile (1000 Doppelschritt = 1480 m) als Einheitsmaß findet sich seit 202 n. Chr. die leuga, ein gallisches Maß von 1500 Schritt = 2220 m. Die Meilensteine enthielten meist auch eine Ehrung des Kaisers. Solch eine Inschrift zeigt ein Meilenstein aus Baden-Baden:

IMP(eratore) CAES(are) M. AVRELIO ANTO-
NINO PIO FELICE AVG(usto) PAR-
THICO MAX(imo) BRITANNICO MAX(imo)
PONTIFICE MAX(imo) P(atre) P(atriae) COS IIII
PROCOS. CIVITAS AQVENS(is)
AB AQVIS LEVG(ae) .... (die Zahl fehlt)

Abb. 33. Römischer Meilenstein.

Gesetzt wurde demnach der Meilenstein im Jahre 213 dem M. Aurelius Antoninus, der gewöhnlich Caracalla heißt. „Wie ein Hohn wirken seine Titel: er ist der größte Parthische, obgleich die Römer manche schmähliche Niederlage durch die Parther erlitten und ihnen nur mit schnöder Hinterlist beikamen; er ist Pius und Pontifex maximus, während er die nationalen Götter durch den Wust orientalischen Aberglaubens verdrängte und sich selbst als Gott gebärdete; er ist Pater patriae, obgleich er dem römischen Wesen den Todesstoß versetzte, indem alle Provinzialen das Bürgerrecht erhielten und so dem einst herrschenden Volke gleichgestellt wurden" (Fritsch). Den Meilenstein setzte die ganze Gaugemeinde. Nicht unwahrscheinlich ist, daß bei dem Regierungsantritt eines neuen Herrschers auch ein neuer Meilenstein aufgestellt wurde. Grenzsteine zeigen die Abb. 35, 35a.

Neben den rein militärischen Zwecken waren die Straßen sehr wichtig zur schnellen Beförderung der Reichspost, cursus publicus, die vorwiegend nur Verwaltungszwecken diente, insofern die in zweirädrigen Wagen, redae, auf dieser Straße beförderten Kuriere, veredarii, kaiserliche Verordnungen, behördliche Befehle u. a. zu übermitteln hatten.

Die durchschnittliche Schnelligkeit solcher Posten mag 60—70 km am Tage betragen haben. Neben diesen „Postwagen" traf man auf den Straßen neben den Sänften (Abb. 41) die verdeckten Reisewagen, die oft reich, z. B. mit Tisch zum Spielen und Schreiben, Betten u. a. ausgestattet waren. Es gab auch Instrumente zum Anzeigen der Stunden und zum Messen des zurückgelegten Weges.

Es werden sogar vorspannlose Wagen erwähnt, bei denen „das Drehen oder Treten eines verwickelten Zahnrädersystems vielleicht von Sklaven besorgt wurde, die auf dem Wagen mit Platz nahmen".

Abb. 34. Grenzstein (Finis Carucum, Grenze der Carucer) bei Kyllburg.

Die Transporte von Getreide, Futtermitteln, Salz u. a. erfolgten durch vierrädrige Wagen, die von Pferden oder Maultieren gezogen wurden (Abb. 42). Zum Wechseln der Pferde an den Reisewagen dienten die Mutationes mit Tränkestellen und Brunnen, zum Übernachten die in einer Entfernung von 25—30 km Abstand gelegenen Mansiones, Gebäude mit Zimmern zum Schlafen und Ställen zum Einstellen der Zugtiere, also eine Art Gasthäuser. Da sie meist auch Wirtschaft hatten, erklärt sich auch die Bezeichnung Tabernae, noch in den Ortsnamen Rheinzabern und Zabern i. E. erhalten. Die Namen mancher dieser Stationen wie „Zum Schwert", „Zum Birnbaum", „Zum Adler" deuten auf die Wirtshäuser mit ihren entsprechenden Schildern hin. Die Bewachung dieser Mansiones und die Fürsorge für die hier mündenden Straßen lag den Beneficiarii, meist älteren Soldaten der Legion, ob.

Durch morastige Gegenden wurden Holzwege, Prügelbrücken angelegt; so fanden sich solche aus

4—9 cm dicken und 3—3,5 m langen Planken aus Tannenholz, die da, wo sie auf ihrer Unterlage liegen, ausgeschnitten sind. Die zur Unterlage dienenden Pfosten bestehen aus Erlen- oder Birkenholz. Die feste Lage der Brücke wird gesichert durch Pfosten, welche durch einzelne in den Planken befindliche Löcher in den Grund eingetrieben sind (Abb. 39).

Anders ist die zweite Art; hier liegen die Planken auch auf der Unterlage, aber zwischen die einzelnen Bohlen sind Eichenholzzapfen eingeschlagen, um ein Verschieben zu verhindern. An einigen Stellen finden sich auch dünne Tannen- und Erlenstämmchen dicht nebeneinander auf Unterlagen gelegt.

Die Karte Abb. 40 zeigt, daß jedes größere Kastell auf möglichst kurzem Wege mit den Hauptzentren römischen Lebens in Friedberg, Heddernheim, Höchst, Hofheim und durch diese mit Mainz verbunden ist. Die Hauptkastelle der Taunuslinie sind mit je 2—3

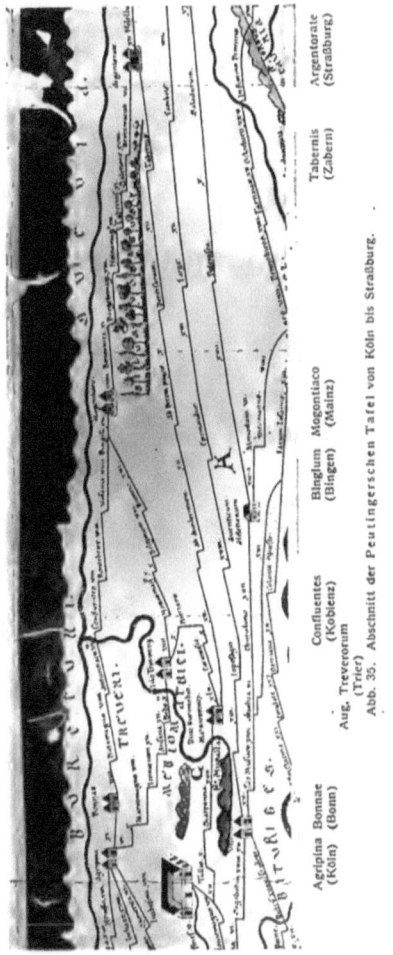

Abb. 35. Abschnitt der Peutingerschen Tafel von Köln bis Straßburg.

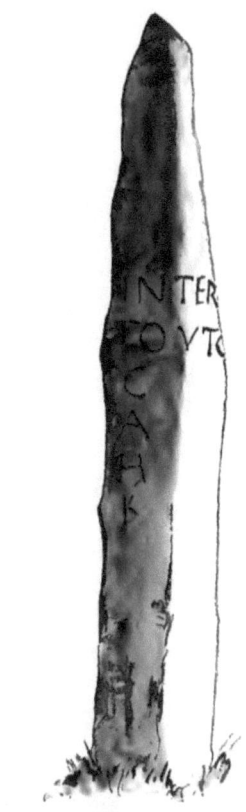

Abb. 35a. Toutonenstein (Miltenberg).
(Inter Toutonos C . . A . . H . . F . . Die Zeilen sind anscheinend nicht vollendet.)

ihnen gegenüberliegenden Kastellen des wetterauischen Limes direkt verbunden. Die westlichen Taunuskastelle und die südlichen der ostwetterauischen Linie sind auf möglichst kurzem Wege mit den wichtigsten Mainübergängen verbunden (Wolff), so Kastel, Höchst, Schwanheim, Frankfurt, Bürgel, Gronau, Kesselstadt, Hanau, Großkrotzenburg. Von dem römischen Mainz gehen die Heerstraßen strahlenförmig nach den Lagern und von da in die Kastelle.

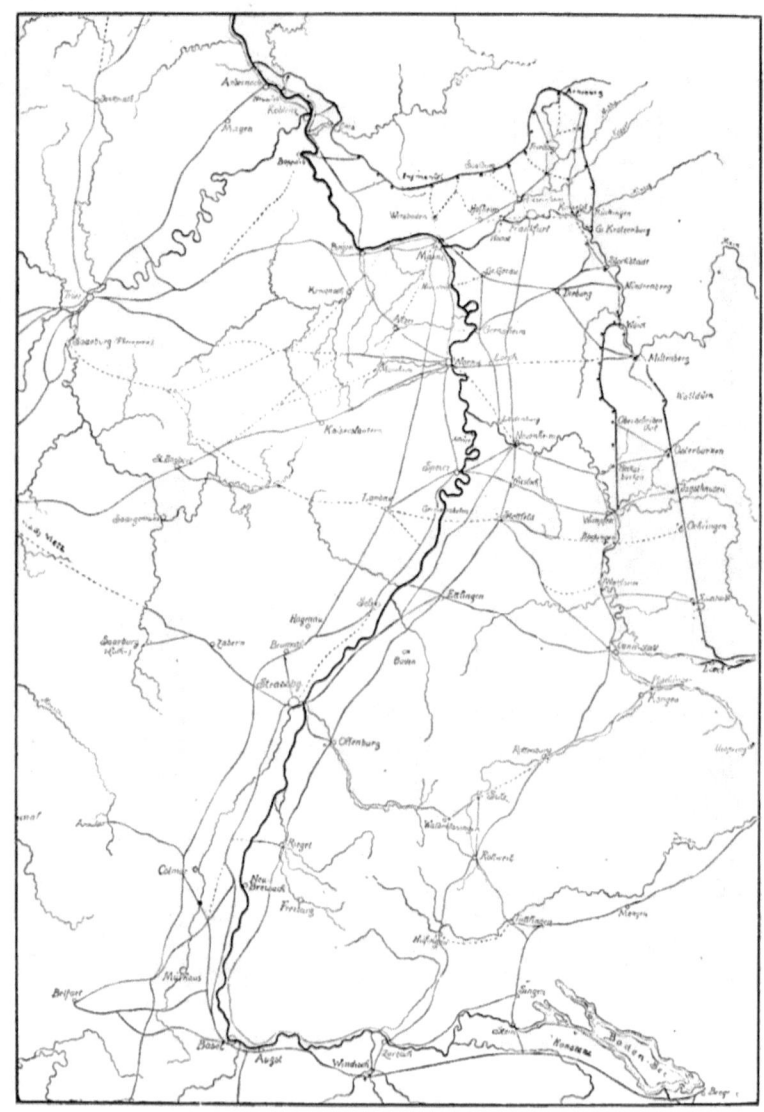

Abb. 36. Römische Straßen der Rheinlande (n. Schumacher).

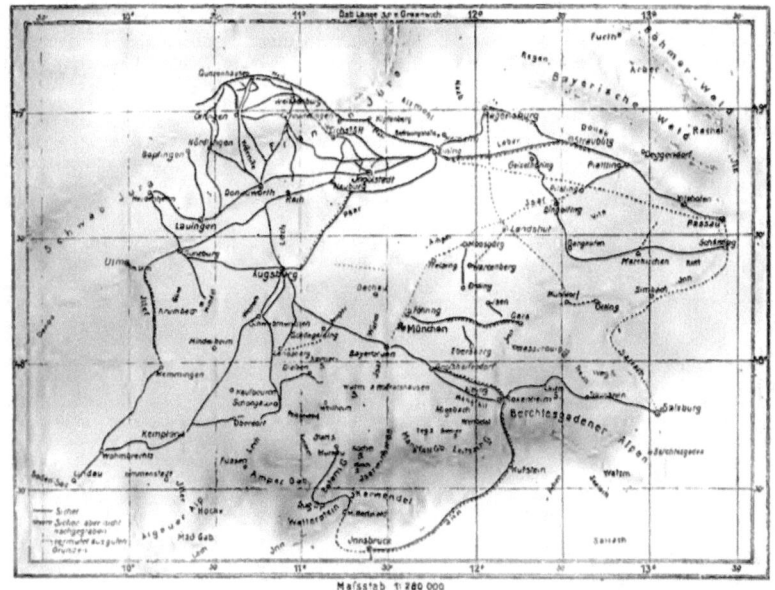

Abb. 37. Römische Straßen in Bayern. (Franzß, Bayern zur Römerzeit.)

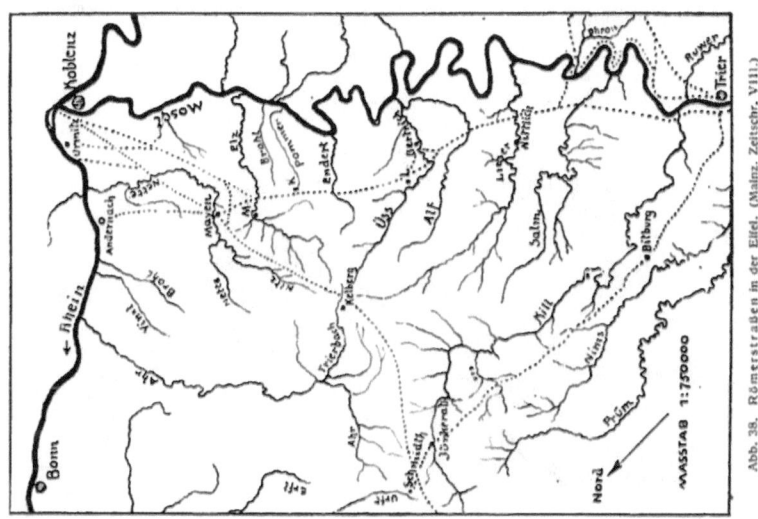

Abb. 38. Römerstraßen in der Eifel. (Mainz. Zeitschr. VIII.)

Die römischen Schiffe auf den Flüssen Germaniens dienten in erster Linie militärischen Zwecken. Wie Kaiser Augustus die Flotte im Mittelländischen und Schwarzen Meere organisierte und ihr Kriegshäfen

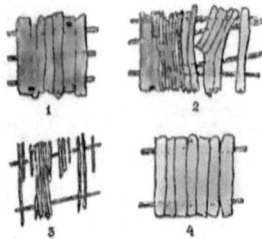

Abb. 39. Moorbrücke (Holland).

in Ravenna, Misenum und in Forum Julii (Frejus) in Gallien schuf, so ist er auch der Gründer der Flotte auf dem Rhein, der Classis Germanica pia fidelis. Für sie wurden gleichfalls Häfen geschaffen, so in Köln, Xanten und Mainz. Auch auf dem Bodensee werden Flotten erwähnt, die ihre Anlegehäfen in Konstanz, Bregenz und Arbon hatten. Die Donau und die Nebenflüsse des Rheins, wie Mosel, Neckar, Main, wiesen regen Schiffsverkehr auf.

In erster Linie dienten diese Wasserwege zur Beförderung von Truppen, so in den Kriegen des Drusus, Tiberius und Germanicus, in denen die Schiffe Soldaten vom Rhein nach den Küsten der Nordsee und der Emsmündung brachten. Als das rechte Rheinufer aufgegeben wurde, hatte die Flotte die Aufgabe, das linke zu decken.

Weiter diente sie militärischen Zwecken, indem sie zur Beförderung der für den Bau der Kastelle nötigen Materialien wie Holz, Ziegel, Tuffsteine und des zum Unterhalt der Truppen benötigten Proviants verwendet wurde. Daneben förderte sie in den langen Friedensjahren auch den Handelsverkehr wesentlich. Neben den Schiffsmatrosen, den Milites, werden Arbeiter, velarii, sowie dolabrarii erwähnt, ferner Steuermann und Untersteuermann, Schiffsschreiber, der Kapitän einer Triere und die am Niederrhein vielverehrte Schiffsgöttin Nehalennia, die auf den Denkmälern mit einem Fuß auf einem Schiffssteven stehend oder ein Ruder haltend

Abb. 40. Straßen zwischen Taunus und Main.

Abb. 41. Römische Sänfte.

abgebildet wird. Auch von mancher Schiffergilde, contubernium, erfahren wir; so besagt eine Inschrift:

IN H(onorem) D(omus) D(ivinae)
D(eo) NEPTVNO
CONTVBERNIO
NAVTARVM
CORNELIVS
ALIQVANDVS
D(e) S(uo) D(edit)

d. h. zu Ehren des Kaiserhauses dem Gott Neptun (gewidmet). Der Schiffergilde hat Cornelius Aliquandus (das Denkmal) von dem Seinigen geschenkt.

Abb. 43. Wagenrad (Zugmantel).

Abb. 42. Römisches Lastfuhrwerk mit Maultieren.

Steuer, zwei schleppen, am Ufer schreitend, an einem langen Seile das Schiff. Ein Monument aus Neumagen zeigt, wie auch hier ein Mann das Fahrzeug an einem am Mast befestigten Seile zieht. Auf dem Schiff bewegt ein anderer mit einer langen Stange stoßend dieses weiter. Mehrere Weinfässer, mit Stroh umwickelt, liegen an Bord. Ein weiteres Relief vom selben Fundort zeigt ein großes Schiff mit vier Weinfässern, zwei Mann stehen am Steuerruder, je eine Rudererreihe ist auf beiden Seiten, auf dem Hinterdeck sieht man die Kajüte. Stoßbalken und Sporn am Vorderbug verraten, daß wir ein Schiff der Kriegsflotte vor uns haben. Am Steven ist ein Tierkopf als Abzeichen sichtbar.

Der sagenhafte Schmied Wieland, auf den Züge des germanischen Feuergottes übergegangen sind, soll das erste Schiff hergestellt haben, was in frühester Zeit in der Weise geschah, daß ein größerer Baumstamm mit Hilfe des Feuers zu einer Höhlung ausgebrannt wurde. Die schon genannte Göttin Nehalennia, an der Nordseeküste und am Niederrhein verehrt, wird durch Schiff und Ruder als Beschirmerin der Schiffahrt gekennzeichnet (Abb. 48). Ein Schiff auf Rädern wird als Sitz der Göttin bei feierlichen Aufzügen umhergeführt.

Wir haben hier wohl eine Vereinigung von Schiffern oder Flößern, die auf der Alb bei Ettlingen tätig waren, vor uns; solche Gilden kennen wir sowohl aus dem Ausland, wie Nimes, Lyon, Arles, Como usw., als auch aus germanischem Land, so Marbach a. Neckar.

Über die Form der Schiffe geben uns die Denkmäler einige Auskunft (Abb. 44—47); so sehen wir an einem Relief der Igeler Säule einen Schiffskahn, beladen mit zwei verschnürten Warenballen, ein Mann führt das

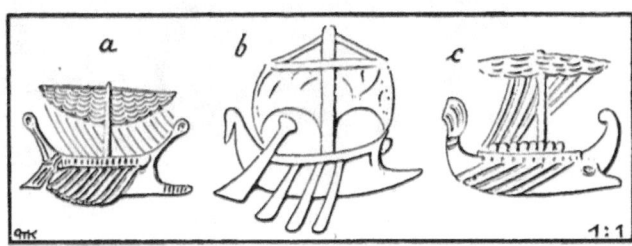

Abb. 44. Römische Schiffe (von Tonlampen).

Abb. 45. Römische Schiffe auf der Donau (Trajanssäule).

Die ältesten Wasserfahrzeuge der Germanen waren, wie gesagt, Einbäume, von denen Plinius erzählt, die germanischen Seeräuber hätten Nachen, die aus gekrümmten, ausgehöhlten Baumstämmen bestanden und bisweilen 30 Menschen faßten. Sie glichen wohl jenen Einbäumen, die bis auf unsere Zeit auf den süddeutschen Seen benutzt wurden. Die kleineren von diesen haben am Vorderteil eine Vorrichtung, in der gedrehte Weidenringe hingen, durch die das Ruder gesteckt wurde. Es wurde jedoch nur mit einem Ruder gerudert, da der Einbaum für zwei nebeneinanderstehende oder sitzende Personen zu eng war. Andere nehmen an, daß mit diesem Ruder ohne Befestigung am

Abb. 46.
Röm. Schiff (Tonlampe).

Vorbilder hin, wie navis Naue, scyphus Schiff zeigt. Vom Hintersteven des Schiffes wurde mit dem Steuerruder (Abb. 49) gerudert und gesteuert.

Von einer Flotte des Civilis berichtet Tacitus, sie bestände aus Kähnen mit kleinen buntfarbigen Mänteln statt der Segel. Von vollkommenerem Bau sind die im Moor gefundenen Boote, wie (Abb. 49 f) ein in Schleswig ausgegrabenes zeigt. Als Anker diente ein

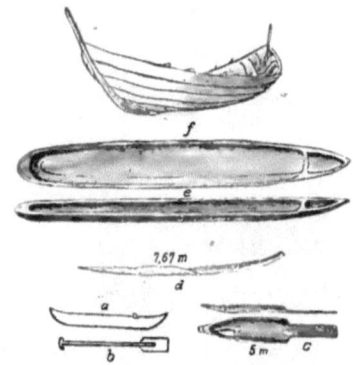

Abb. 49. Germanische Schiffe.
a Einbaum, b Ruder zum Paddeln, c Einbaumkahn aus dem Rhein bei Speier, d Rest eines Einbaums aus Nienburgweier i. B., e Einbaum aus den Niederlanden, f Wickingerboot aus Nydam (Schleswig).

Abb. 47. Moselschiff mit Weinfässern (gef. zu Neumagen).

Bootsrand das Schiff nur durch Paddeln fortbewegt wurde. Die eigentlichen Handruder oder Riemen lernten die Germanen erst von den Römern kennen, worauf

Abb. 48. Altar der Schiffsgöttin Nehalennia.

die Ableitung des Wortes Riemen von remus hinweist; ebenso weisen die anderen Fahrzeuge auf römische

durchlöcherter oder mit Stricken umwundener Stein, der Anker (ancora) weist auf römische Herkunft hin. Germanische Binnenschiffahrt ist auf Ems und Bodensee sowie auf der Donau bezeugt, auf der ein reger Verkehr von Getreideschiffen herrschte, und auf dem Rhein, wo schon 55 v. Chr. die Ubier dem Cäsar eine große Zahl von Fahrzeugen anboten.

Ringwälle und germ. Straßen.

Als die römischen Eroberer vom Main aus nach Osten vordrangen, harrte ihrer eine schwere Aufgabe, die Niederzwingung der Befestigungen, die in Form von sog. Ringwällen über das ganze Taunusgebirge verteilt waren und eine gewaltige Sperre für den vordringenden Gegner bildeten (Abb. 57). Diese Ringwälle, meist um Berghöhen gelagerte Steinringe oder Erdwälle, gehören keineswegs derselben Zeit an; es gibt solche aus der Bronzezeit wie aus dem Mittelalter und dem ganzen, zwischen beiden liegenden Zeitraum. Der Burgberg bei Badenweiler, der Heiligenberg bei Heidelberg; der Greinberg bei Miltenberg, der Donnersberg in der Rheinpfalz (Abb. 54—58) u. v. a. weisen solche, zum Teil noch wohlerhaltene Befestigungen auf. Die größte auf römischem Gebiet in Germanien gelegene Ringwallanlage ist die auf dem Altkönig im Taunus; sie umschließt ein rund 350 ha großes Gebiet, das mit einer Wehrmauer aus Stein ohne Mörtel mit Einlagen von Holzbalken ohne eiserne Verankerung, wie sie oft den

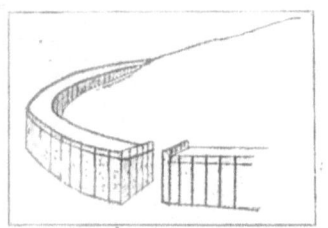

Abb. 51. Ringwall mit Tor (nach Thomas).

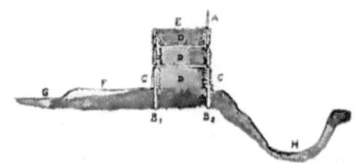

Abb. 52. Durchschnitt durch den Ringwall auf dem Goldberg bei Neresheim (nach Bessu). A Brustwehr, $B_1 B_2$ starke vertikale Hölzer, die durch Holzriegelwerk miteinander verankert sind, C Stirn aus Steinen, D Erde, F Straße, G Wohnhäuser, H Gräben.

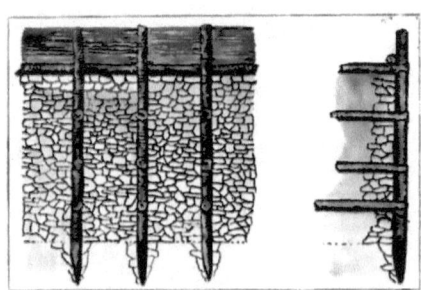

Abb. 50. Ringwallkonstruktion.

Abb. 53. Mauer mit Lücken der Holzkonstruktion vom Ringwall des Altkönigs.

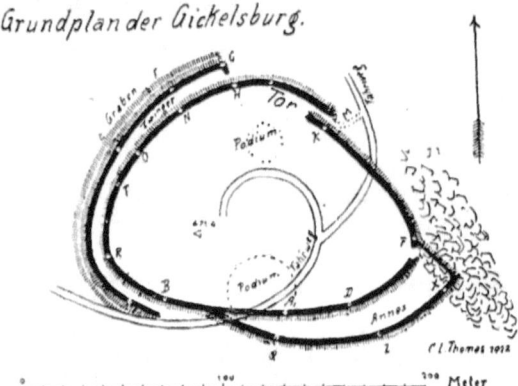

Abb. 55. Ringwall der Gickelsburg im Taunus.

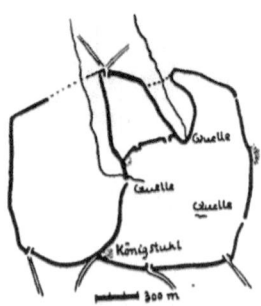

Abb. 56. Ringwall auf dem Donnersberg.

gallischen Mauern eigen ist, versehen ist. Die Mauerstärke beträgt 5—7 m im Durchmesser (Ab. 50—58).

Durchbrochen sind die Mauern von Toren, die teils nur eine bloße Öffnung in diesen sind, teils „lange Torgassen zwischen den parallel zueinander weitergeführten Mauerenden" bilden.

Die Ringwälle dienten verschiedenen Zwecken; sie waren teils Refugien oder Fliehburgen, in die sich die Anwohner bei feindlichen Überfällen mit Weib, Kind und Vieh zurückzogen, teils waren sie dauernd bewohnte Festungen, in denen man wohl den Mittelpunkt der militärischen Verwaltung erblicken darf,

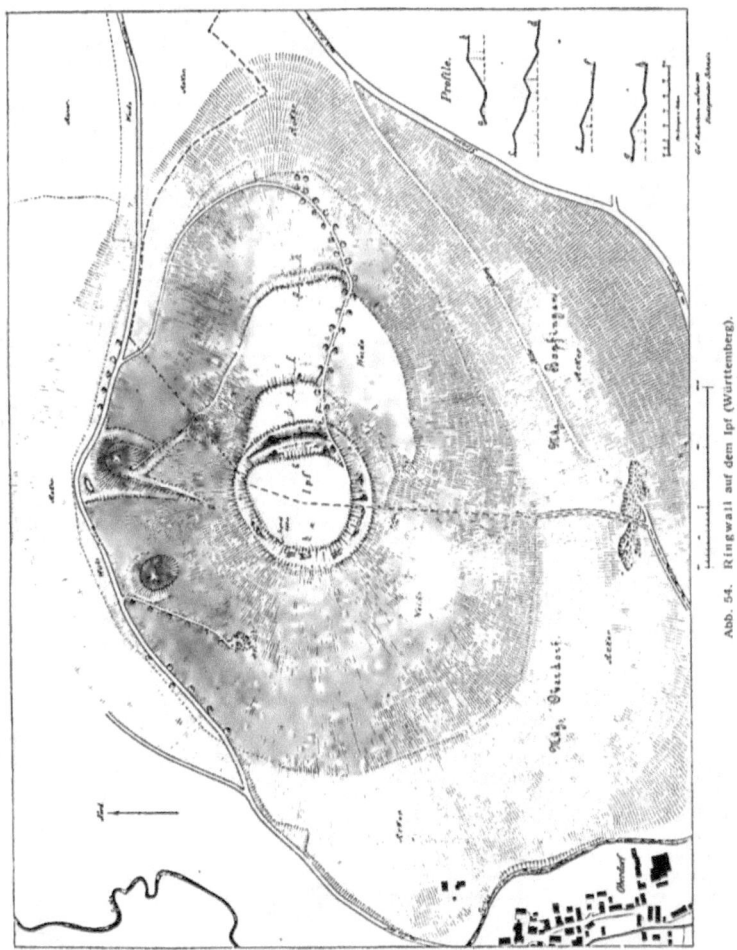

Abb. 54. Ringwall auf dem Ipf (Württemberg).

An die Innenseite der Wehrmauer lehnten sich Hütten an, ebensolche lagen in dem von ihr umschlossenen Raum. Dadurch, daß jene Holzeinlagen oftmals in Flammen aufgingen, wurde die Erde und das Gestein gebrannt und glasiert. Man nahm bei diesen „Glasburgen" irrtümlich eine absichtliche Verglasung an.

wo dann auch der Häuptling des Stammes seinen Sitz hatte. Daneben hatten manche Ringwallanlagen auch den Zweck, wichtige Straßen zu sperren. Kultstätten waren sie wohl nur selten.

Wohl in die Zeit der großen Völkerverschiebungen im 2. Jahrtausend v. Chr. gehen die Verkehrswege

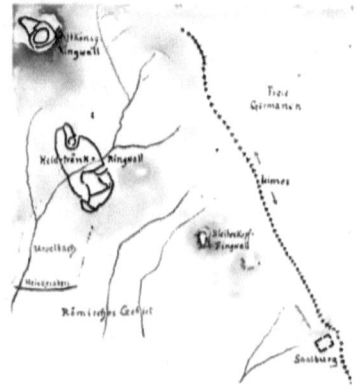

Abb. 57. Ringwälle auf dem Taunus.

und Reisig gangbar gemacht. Auch Ausweichestellen sind aufgefunden worden, hier scheidet sich der Weg in zwei Äste, die um eine kleine Anhöhe herumgehen um sich dann wieder zusammenzuschließen.

Ein systematisch ausgedachtes und vortrefflich angelegtes Straßennetz, wie es den Römern verdankt wird, haben die Germanen nicht; doch steht fest, daß Siedlungen und Pässe im Gebirge miteinander verbunden waren. Naturgemäß verwendeten die Römer manchmal solche wichtigen Straßenzüge, und wir finden bei Nachgrabungen öfter die germanische Straße unter dem römischen Straßenkörper. Die Karte (Abb. 40) zeigt, daß gar manche dieser Straßen festgestellt sind, doch herrscht über die meisten Straßen zwischen Rhein und Elbe noch Unsicherheit.

Brücken.

Nach Besitzergreifung des rechten Rheinufers und mit dem Ausbau des neuen Straßennetzes war die Verbindung der beiden Flußufer durch Brücken eine Notwendigkeit. Zuerst vermittelten wohl Schiffbrücken den Verkehr, die dann durch feste Brücken ersetzt wurden. Nach den Funden scheint es sich bei den größeren um solche mit steinernen Pfeilern und hölzernem Oberbau zu handeln. So hat die Mainzer Brücke fünfeckige Holzroste, aus Pfählen und Planken hergestellt (Abb. 59), die ein Rechteck von rund 13×7 m bildet, an dessen eine Schmalseite sich ein Dreieck von 6 m Höhe anschließt. Auf jedem Rost ruht ein steinerner Pfeiler; von diesen, etwa 20, stehen 14 im Strom, die Entfernung der einzelnen Pfahlroste beträgt 25—30 m. Der Oberbau war eine hölzerne Jochbrücke, ähnlich wie bei Trajans Donaubrücke (Abb. 60).

Die erste Mainzer Brücke stammt vielleicht aus dem Jahre 90, sie wurde öfter zerstört und schließlich unter Maximianus (284—305 n. Chr.) so hergestellt, wie sie ein Lyoner Bleimedaillon zeigt. Auf der unteren Hälfte sieht man links Mogontiacum, mit Mauern und Türmen geschützt, rechts den Brückenkopf Castel(lum) mit zwei Toren, Mauern und Rundtürmen. Den Fluß überbrückt die feste Brücke, deren Holzoberbau man deutlich erkennt (Abb. 61). Bei der Durchsuchung der noch vorhandenen Trümmerreste fanden sich zahlreiche Werkzeuge, auch ein Holzschlegel mit der Inschrift L. VALE(rius) LEG. XIIII, ferner Brennstempel (Abb. 62).

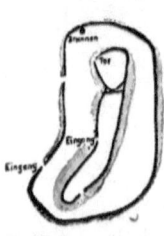

Abb. 58. Ringwall auf dem Heiligenberg bei Heidelberg.
Äußerer Wall 2900 m,
Innerer Wall 1960 m.

zurück, die das mittelrheinische Gebiet mit dem Donautal und damit mit dem Osten in Verbindung und Verkehr brachten; ums Jahr 1000 überwog anscheinend der Verkehr mit dem Süden, also dem Alpengebiet und Oberitalien; von hier kamen Waffen, Pferdegeschirre, Messer und Armringe aus Bronze, Bronzegefäße wurden aus Italien eingeführt. Als Handelswege kamen nicht nur die Wege längs den Flußläufen in Betracht, sondern auch diejenigen, welche sich am Fuß der Vogesen, des Schwarzwaldes und des Odenwaldes herzogen und die durch die Ansiedlungen auf dem Hochgestade des Rheins und in den Ausmündungen der Täler festgestellt sind. Auch nach Norden entwickelt sich aus dem mittelrheinischen Gebiet, in dem die Straßen aus allen Himmelsgegenden mündeten, ein reger Handelsverkehr. Umgekehrt führte der Norden vor allem den Bernstein gen Süden (Jütland, Elbe, Weser, Wetterau). In römischer Zeit büßten manche dieser Straßen ihre Bedeutung ein und wurden durch die römischen Heerstraßen verdrängt, die kürzer und besser angelegt waren. Die vorrömischen Wege sind Verkehrswege, die römischen militärische Verbindungswege; so ist es zu verstehen, daß letztere nach Aufgabe der Befestigungen ebenfalls aufgegeben werden, während die mittelalterlichen Wege wieder zu den alten Verkehrswegen zurückkehren. Freilich dürfen wir bei diesen alten Straßen nicht an Kunststraßen in unserem modernen Sinne denken; es sind Wege, entstanden aus ursprünglichen Pfaden, die allmählich verbreitert wurden, Löcher wurden hier und da mit Steinen ausgefüllt, morastige Stellen durch hineingeworfene Baumstämme und Geäst

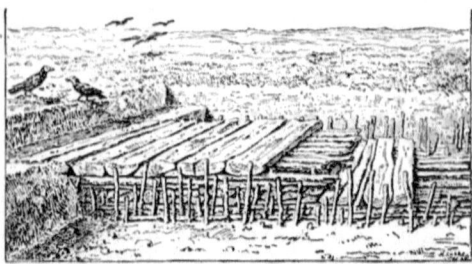

Abb. 58a. Germanischer Bohlenweg (Westpreußen).

 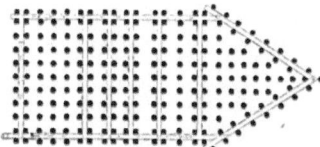

Abb. 59. Holzroste der Pfeiler der Mainzer Brücke.

Abb. 60. Brücke über die Donau (Trajanssäule).

lenz, Heidelberg, Hanau, über die Donau bei Neuburg (550 m lang, 22—23 Pfeiler), Günzburg, Straubing. Kleinere Brücken sind anderwärts nachgewiesen.

Abb. 62. Holzschlegel, gef. in einem römischen Brückenpfeiler in Mainz mit der Inschrift (Lucius) Vale(rius) leg(ionis) XIIII.

Von größeren Brückenanlagen der Germanen ist uns nichts bekannt; trotzdem sie an den römischen Brückenbauten gute Vorbilder hatten, führten sie keine solchen aus, sondern benutzten die seit alters bekannten

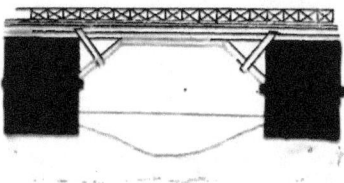

Abb. 63. Rekonstruktion der Moselbrücke in Trier (nach F. L. Ganter).

Furten und verwendeten daneben Fähren, vgl. Haßfurt, Schweinfurt, Frankfurt. Nur bei kleineren Gewässern scheinen Holzbrücken vorhanden gewesen zu sein, vgl. Hersbruck, Osnabrück; sie bestanden hier jedenfalls aus einer horizontalen Lage von Balken; bei schmalen Wasserläufen trat der Steg an ihre Stelle.

Abb. 61. Röm. Werkzeuge, gefunden bei der Brücke in Mainz. Oben ein Brennstempel der 22. Legion.

Weitere feste Brücken waren u. a. bei Köln (zuletzt von Constantin 308 erbaut), Trier (Abb. 63), Kob-

II. Siedlungswesen.

Städte.

Während die Römer, als sie Gallien besetzten, dort eine Reihe blühender Städte antrafen, fanden sie in Germanien keine heimischen Siedlungen, die als Städte hätten bezeichnet werden können. Hier entwickeln sich die späteren Stadtgründungen erst aus militärischen Anlagen, aus den Lagerdörfern, die für die nächste Zeit wichtige Kulturzentren werden.

Aus Augusteischer Zeit stammen die Städteanlagen von Trier (Augusta Treverorum) und Augsburg (Augusta Vindelicorum), beide mit planmäßiger Straßen- und Quartiereinteilung, ähnlich wie in Italien Turin oder in Numidien Thamugadi. Eine solche Stadtanlage gab reichlich Licht und Luft, sie war „gesund und praktisch, aber reizlos und nüchtern". Wahrscheinlich waren solche Städte auch befestigt. Neue entstanden, als eine

nach dem Verlust jener gewaltigen Schutzwehr mit einem schützenden Mauergürtel und Türmen befestigt, vornehmlich die, welche am Rheine oder an den großen, ins Binnenland führenden Heerstraßen lagen. Vor allem aber waren natürlich die obergermanischen Landstriche unmittelbar am linken Rheinufer den Einfällen der Germanen schutzlos preisgegeben, wenn nicht

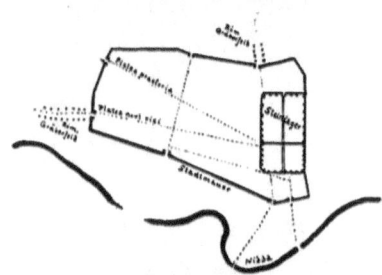

Abb. 65. Grundriß einer römischen Stadt (Nida-Heddernheim).

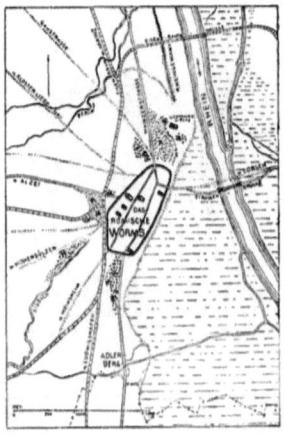

Abb. 64. Das römische Worms.

sofort dort eine neue Grenze geschaffen wurde. So sind sicher dort die von alters her blühenden Ortschaften möglichst bald befestigt worden", so Andernach (Antunnacum) an der Heerstraße Köln—Mainz, Straßburg (Argentorate), Worms (Borbetomagus, Abb. 64), Mainz (Mogontiacum, Abb. 72). Der Grundriß von Nida (Heddernheim, Abb. 65) zeigt, daß die etwa ein Trapez bildende Stadt an der Ostseite die eine Längsseite des alten Steinkastells benutzt, während die Südseite der

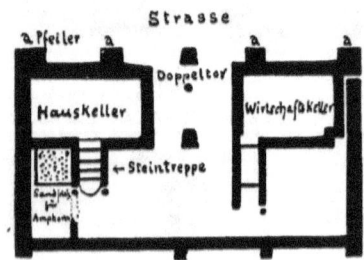

Abb. 66. Römisches Haus (Heddernheim) n. Gündel.

Reihe von Kastellen in der Trajanisch-Hadrianischen Periode aufgegeben und die Besatzungen verlegt wurden. Die bisherigen größeren Lagerdörfer bzw. Vororte der Civitates wurden nun durch Mauer und Graben befestigt, so Xanten (Vetera, Colonia Ulpia Trajana), Ladenburg a. Neckar (Lopodunum, Civitas Ulpia Sueborum Nicretum), Heddernheim (Nida), das man nicht mit Unrecht als den Mittelpunkt alles politischen und kulturellen Lebens im Main- und Niddalande während zweier Jahrhunderte, als das römische Frankfurt, bezeichnet hat.

Die offenen Städte, die, durch den Limes geschützt, „friedlichem Handel und Wandel nachgingen, wurden

sie deckenden Nidda entlang läuft. Schnurgerade Straßen durchschneiden das Stadtgebiet, von denen zwei, die Platea praetoria und die Platea novi vici auf Inschriften genannt werden.

Trotzdem an vielen Orten Reste von Stadthäusern bloßgelegt worden sind, ist es noch nicht möglich, ein klares Bild von ihnen zu gewinnen. Einerseits

Abb. 67. Porta Nigra (Trier). Ergänzte Ansicht vom Innern der Stadt aus.

Abb. 68. Grundriß.

Rustikabau etwa aus der Zeit des Aurelian (270 bis 275). Zwischen zwei mächtigen Türmen das Tor mit zweistöckiger Galerie. Der viereckige Innenhof der gefährlichste Teil der Befestigung. Die vierstöckigen Türme in der Stadt eckig, außen rund.

Abb. 69. Porta Nigra. Die Außenseite. Der Anbau links aus dem Mittelalter; der Turm links heute ohne das oberste Stockwerk.

haben wir umfangreiche und prunkvolle Bauten mit vielen Räumen, reichgeschmückt mit Architekturwerk, Bildhauerarbeiten, Malereien und Mosaiken. Neben ihnen finden wir dann die bescheidenen **Bürgerhäuser**, ein- oder zweistöckig, meist aus Stein erbaut, dazwischen auch Holz- oder Fachwerkbauten auf steinernem Fundament[1]). „Da gibt es kein luftiges Atrium, kein blumengeschmücktes Peristylium, sondern hier umschließen starke Steinmauern, auf denen ein solides Schiefer- oder Ziegeldach ruht, die Behausung, die eben hier einen Schutz gegen Wind und Wetter bieten soll. Die meisten Wohnhäuser waren mit rechteckigen oder quadratischen Kellern ausgestattet, die durch eine Holz- oder Steintreppe zugänglich waren. Auf dem Boden derselben fanden sich oft starke Lagen feinen Sandes, auch mit Sand gefüllte Vertiefungen, die zur Aufnahme der Amphoren dienten (Abb. 66). Die Häuser der Stadt lagen unmittelbar an den Straßen. Über die Beschaffenheit der Zimmer, die sich über den Kellern erhoben, läßt sich wenig sagen, doch beweist der bunte Wandverputz, daß man auf geschmackvolle Ausstattung der Zimmer Wert legte. Es lag wohl auch ein Wirtschaftshof hinter dem Hauptgebäude. Hinter den an der Straße erbauten Wohnhäusern folgten dann Wirtschaftsgebäude,

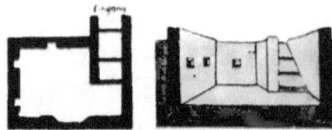

Abb. 70. Keller einer Canaba (Saalburg).

[1]) Im Maintal fand Kaiser Julian, der dort im Jahre 357 weilte, „alle Gebäude sorgfältiger im römischen Stile erbaut".

Arbeitsräume, Stallungen, Remisen, Scheunen" (Gündel). An der Straße lagen in den Häusern auch die Trinkstuben und Garküchen, die Bäcker- und Konditorläden, die Milch- und Schmuckläden. Auch die Friseure hatten hier ihren Geschäftsraum. Manche der Stadthäuser sind durch Hypokausten, eine Art Zentralluftheizung, geheizt, bei anderen wurden die Räume durch Kamine oder tragbare Herde für Holzkohlen erwärmt. Die Fenster waren, was in dem nordischen Klima nötig war, durch Glas in Holz- oder Bleifassung geschlossen.

In dem römischen Lopodunum (Ladenburg a. N.) ergaben die Ausgrabungen folgendes: Beiderseits der 8,40 m breiten Hauptstraße reihte sich nach 3,50—4,85 m tiefen zementierten oder gestückten Vorplätzen eine lange Flucht wenigstens im Unterbau massiver Häuser von 20—23 m Tiefe, hinter denen sich kleine Höfe

Abb. 70a. Haus (Canaba) im Lagerdorf (Saalburg).

mit remisenartigen Bauten, Senkgruben und weiterhin Gärten anschließen."

Die **Stadtmauer** berücksichtigt das Gelände und die vorhandenen Gebäude und zeigt daher unregelmäßige Form, oft viereckig oder oval. Türme dienen oft zum Schutz des Mauergürtels, stattliche **Tore** decken die Eingänge, so in Köln, Bonn, Xanten, Regensburg, Trier. Kennzeichnend für die meisten ist der schleusenartige Binnenhof (Abb. 68), der nach Durchbrechung des äußeren Tores eine erneute Verteidigung gestattete. Mächtig in ihrer Wirkung auf den Beschauer müssen die großen Stadttore gewesen sein, wie sie in ihren Überresten noch in Köln (Porta Paphia) und in Trier (Porta nigra) erhalten sind. Sie sind rechte Festungstore mit zwei mächtig vorspringenden Türmen, zwischen ihnen liegen die beiden Doppeltore mit dem Binnenhof (Abb. 67—69).

Die wichtigsten **Straßen** in den Städten waren gepflastert, Kanäle sorgten dafür, das Regenwasser und die Abwässer der Häuser wegzuführen. Vor den Häusern war oft ein gepflasterter Bürgersteig, über den von den Häusern aus eine gedeckte Säulenhalle hinwegging, die für Schatten und Schutz gegen Regen sorgte.

Lagerdörfer.

Weit einfacher sind die Siedlungen, die sich nahe den Limeskastellen bildeten, die sog. **Lagerdörfer** oder Canabae.

Die meisten ihrer Häuschen (Abb. 70 und 70a) sind nach dem gleichen Schema gebaut. Wir haben einen etwas über die Erdoberfläche hervorstehenden, gemauerten **Keller**, dessen Boden oft mit Steinplatten überdeckte Entwässerungskanäle aufweist. Der Zugang zum Keller findet durch eine Treppe oder Erdrampe statt. Licht wird dem unterirdischen Raum durch ein kleines Kellerfenster zugeführt, dessen Leibungen nach innen oft abgeschrägt sind. Die Wände waren verputzt; häufig befinden sich in ihnen quadratische Nischen, in denen man Gefäße mit Milch u. a. aufstellen konnte.

Abb. 72. Kastell und Stadt Mainz.

Über diesem Fundament erhebt sich ein einstöckiger, mit Fenstern versehener **Fachwerkbau**, der ein mit Stroh, Schiefer und Schindeln gedecktes Giebeldach trägt. Hinter dem Häuschen, das an der Straße lag, breitete sich der oft gepflasterte Hof aus, in dem gewöhnlich auch ein Wirtschaftskeller, eine Stallung und ein Brunnen vorhanden ist. Ging man über den Hof, so kam man in den Hausgarten, der, wie das ganze Besitztum, von einem Holzzaune umschlossen war. In diesen Häuschen wohnten ausgediente Soldaten, Händler, Marketender, Handwerker, viele verheiratet, oft mit einheimischen Frauen, später auch die Soldaten, die nur zu Übungen, zur Wache und zum Dienst im Lager weilten, sonst aber hier mit Weib und Kind hausten, Garten und Feld bestellend oder ein Handwerk betreibend. Aus manchen dieser Lagerdörfer entwickelten sich Römerstädte, so Straßburg, Speier, Worms, Mainz, Bingen, Boppard, Koblenz, Andernach, Remagen, Bonn, Neuß.

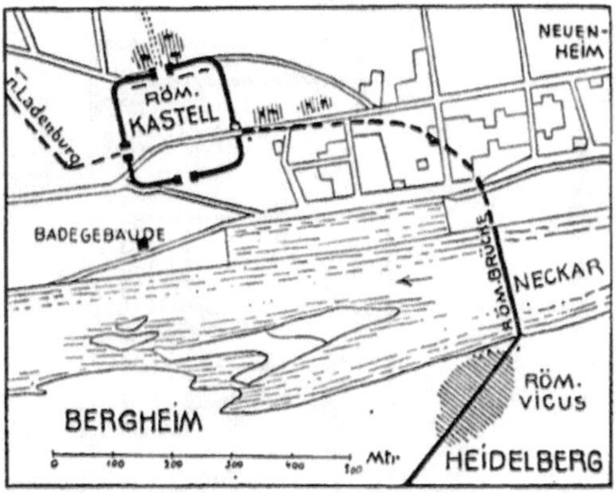

Gutshöfe.

Genauer als über die Häuseranlagen in den Städten sind wir über die Gebäude auf dem Lande unterrichtet. Am zahlreichsten vertreten ist hier die **Wirtschaftsvilla** oder der Meierhof, villa rustica, später auch villare genannt, das ursprünglich unserem Vorwerk entspricht[1]). Bei ihr haben wir anfänglich als Grundform ein rechteckiges Wohnhaus mit dahinterliegendem Hof, den auf den anderen drei Seiten eine Mauer umschloß. Die einfachste Form zeigt Abb. 73a; hier sehen wir ein Fachwerkhaus auf Steinsockel mit zwei Räumen; getrennt davon liegt die rechteckige

Abb. 71. Kastell Neuenheim mit Lagerdorf.

---

[1]) Von ihm leitet sich das deutsche „Weiler" her und die damit zusammengesetzten Ortsnamen, die mit wenigen Ausnahmen nur innerhalb des einst von den Römern besetzten Gebietes vorkommen. „Die blühenden römischen Meierhöfe, die Villae oder Villaria, sind oft genug als fränkische Königsgüter oder Herrenhöfe unmittelbar weitergeführt worden". (Cramer.)

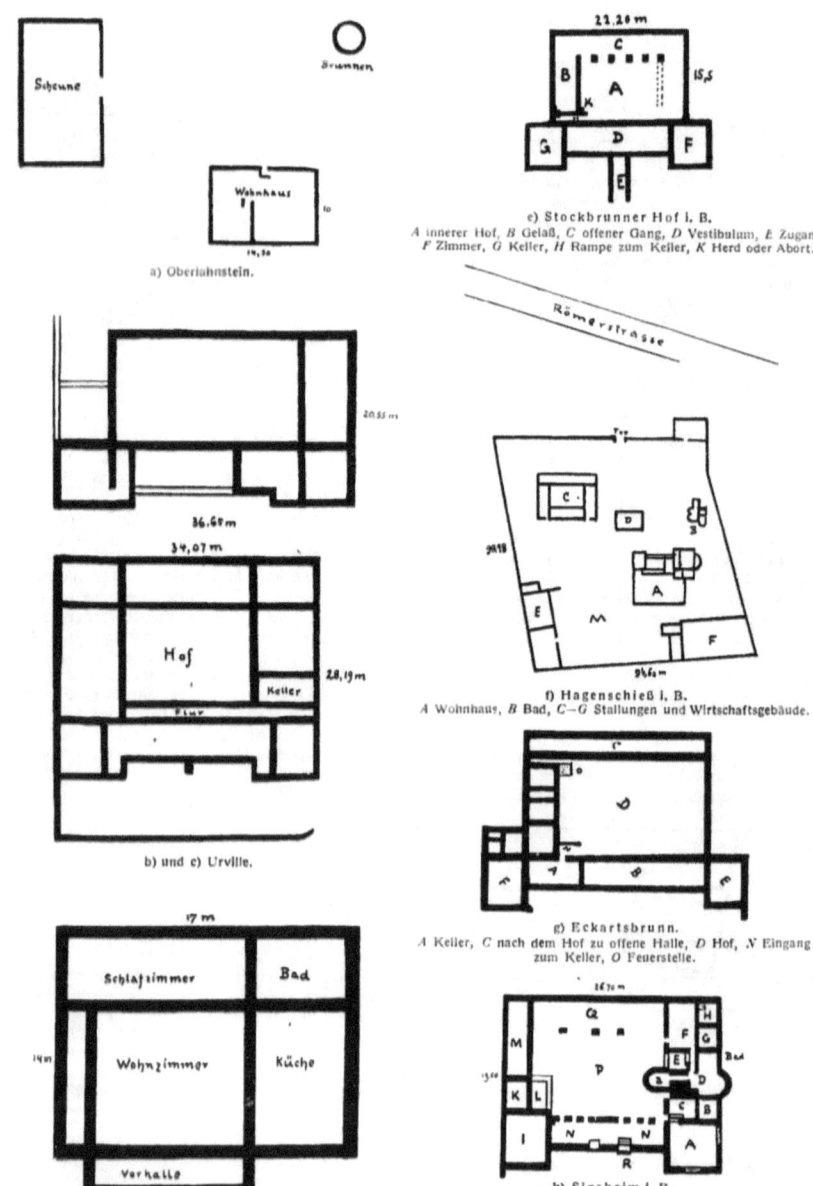

Abb. 73. Gutshöfe (Villae).

a) Oberlahnstein.

b) und c) Urville.

d) Braubach.

e) Stockbrunner Hof i. B.
A innerer Hof, B Gelaß, C offener Gang, D Vestibulum, E Zugang, F Zimmer, G Keller, H Rampe zum Keller, K Herd oder Abort.

f) Hagenschieß i. B.
A Wohnhaus, B Bad, C—G Stallungen und Wirtschaftsgebäude.

g) Eckartsbrunn.
A Keller, C nach dem Hof zu offene Halle, D Hof, N Eingang zum Keller, O Feuerstelle.

h) Sinsheim i. B.
A Raum mit Keller, B—L Gelasse, zum Teil mit Heizung, M Stallung, N Vorhalle, P Hof, Q offene Halle, R Eingang.

Scheune. Etwas entwickelter ist die Villa (d). Erweitert stellt sich eine Villenanlage dar als einen großen Hof, der rings von Wohn- und Wirtschaftsgebäuden umschlossen ist und quadratischen Grundriß aufweist (e, g, h). Besonders charakteristisch für viele dieser Meierhöfe ist die langgestreckte Vorhalle, an deren beiden Schmalseiten die Gebäude nach außen turmartig vorspringen. Durch diese Vorhalle kann man gewöhnlich in den Hof eintreten. Bei größeren Villen wird der Hof zu Wohnräumen umgebaut, und die Wirtschaftsgebäude werden, getrennt vom Wohnhaus, nach außen verlegt (f).

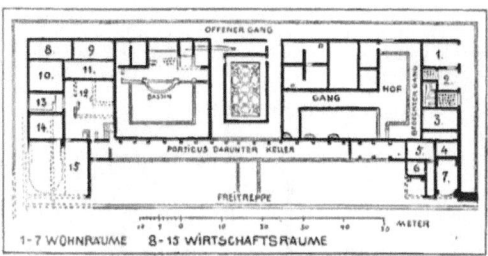

Abb. 74. Römische Luxusvilla zu Nennig.

Das ganze Anwesen ist von einer Mauer umgeben, die auch die Nebengebäude einschließt. Selten fehlt auch eine Badeeinrichtung, die teils — oft mit steigender Verfeinerung erst nachträglich — ins Haus eingebaut, teils in einem besonderen Gebäude untergebracht ist.

Weit reicher ausgestattet und ausgedehnter ist die Villa urbana, die Lust- und Luxusvilla. Hier ist das eigentliche Wohnhaus meist getrennt von dem Wirtschaftshof und seinen Bauten. Die Gesamtanlage, gewöhnlich rechteckig, langgestreckt, ist mit einer Säulenhalle an der ganzen Front geschmückt und hat oft vorspringende Flügel zu beiden Seiten.

Am zahlreichsten finden sich derartige Villen in dem linksrheinischen Gebiet. Sie liegen häufig in der Nähe einer Militärstraße und sind mit ihr durch eine feste Straße verbunden.

„In leicht geschwungener Linie, die der Krümmung des anmutigen Tales folgt, erheben sich noch heute meterhoch die quadergefügten Untermauern einer einst prächtigen, mit zierlichen Säulen geschmückten Vorhalle. Diese langgestreckte Halle verband mehrere hohe Gebäude, die mit ihren Giebeln über die zierlichen Säulen hervorschauten. In der Mitte lag ein herrlicher, marmorgeschmückter Prunksaal, von dessen Terrasse sich ein köstlicher Ausblick bot und noch bietet auf grüne Matten und Wälder, über malerische Höhen bis fernhin zu den blauduftigen Kuppen der Moselberge." Die Villa in Welschbillig „zeigt uns einen Hauptbau mit vorspringenden Flügeln und vorgelegten Säulengängen, davor Rasenflächen mit Zierbeeten, Springbrunnen, Bildsäulen und besonders einem großen Wasserbecken, dessen Geländer von Hermen gebildet ist (Abb. 75, 76). Nicht weniger als 112 Hermenbilder umrahmten den großen, mit Betonboden versehenen Teich, der nach seiner ganzen Einrichtung einst den Söhnen des Besitzers zum Wettrudern gedient haben muß" (Cramer).

Eine Zwischenstellung zwischen den beiden genannten Arten von Villen nimmt der Gutshof ein, der das Charakteristische beider Anlagen in sich vereinigt. Neuere Ausgrabungen haben gezeigt, daß die fränkischen, besonders die karolingischen Meierhöfe stark durch die römischen Vorbilder beeinflußt sind.

Abb. 74a. Römische Luxusvilla (nach einem pompejanischen Wandgemälde).

Bäder.

Bäder finden wir bei jedem Limeskastell, auch schon die Erdkastelle zeigen solche, natürlich auch die größeren Legionslager.

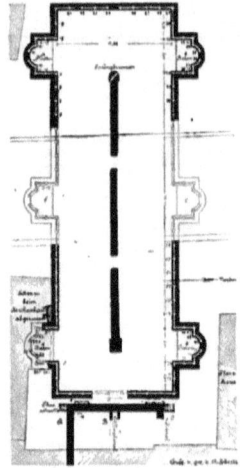

Abb. 75.
Grundriß des Weihers der röm. Villa in Welschbillig.

Die Lustvillen und auch die Wirtschaftshöfe in vielen Fällen besitzen solche ebenfalls. Man wird die Beliebtheit der Bäder verstehen, wenn man erwägt, daß Rom 952 Badeanlagen hatte, diesem Beispiele folgten die anderen Städte in den Provinzen. Viele dieser Anlagen beruhten auf Stiftungen, die reiche Leute machten; denn Geld war nicht nur zum Bau, sondern auch zu dessen Unterhaltung nötig; besonders die Heizung verschlang große Summen.

Gewöhnlich besteht ein Bad aus folgenden Hauptteilen (Abb. 77 ff.):
1. dem Apodyterium, dem Aus- und Ankleideraum, 2. dem Caldarium, dem Warmbad, 3. dem

Abb. 76. Durchschnitt des Weihers zu Welschbillig.

Tepidarium, dem Heißluftbad, 4. dem Frigidarium, dem Kaltbad.

Neben solch einfachen Bädern finden sich auch größere, den römischen Thermen vergleichbare Badeanlagen in der Rheingegend. Auf der rechten Rheinseite sind die Bäderbauten Badenweilers (Abb. 79) am hervorragendsten. „Die Anlagen umfassen eine weitgedehnte Fläche; Vorhöfe und Säulenhallen fassen einen Innenbau von 60 m Länge ein, der seinerseits vier weite,

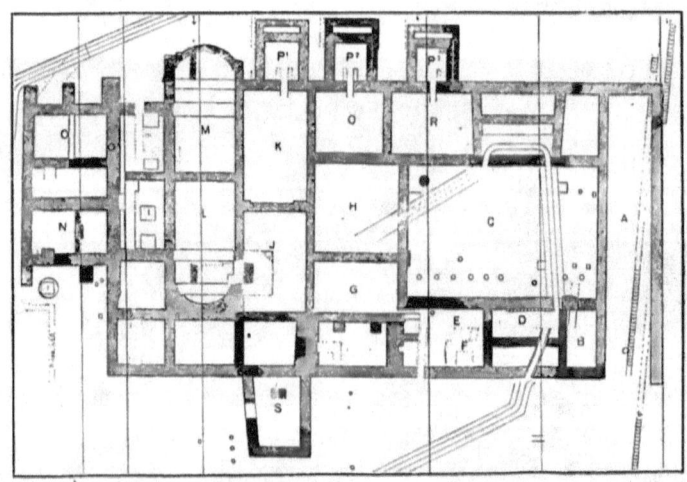

Abb. 77. Die Stadtthermen im Westen von Nida (Heddernheim), gez. von Dr. E. Bieber.
A Vorhalle, C Palästra, D E Bassin, G H Frigidarium, I K Tepidarium, L M Caldarium, N Vasarium, O P¹ P² P³ Heizung, Q R Sudatorium, F Brunnen.

einst überwölbte Säle mit Schwimmbecken für Männer und Frauen umschloß, außerdem auch die Räume und Heizvorrichtung für die Heißluftbäder" (Cramer). Andere ausgedehnte Thermen finden sich in Aachen, Baden-Baden, Wiesbaden, Nierstein usw. Alle übertreffen die Trierer Thermen (170 m breit, 250 m lang) an Großartigkeit der Anlage wie Kostbarkeit der Ausstattung

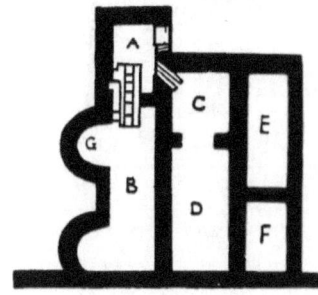

Abb. 77a. Bad eines Gutshofs bei Enzberg (Pforzheim). A Heizraum, B Warmwasserbad, C Tepidarium, D Auskleideraum, E Nebenraum, F Kaltwasserbassin.

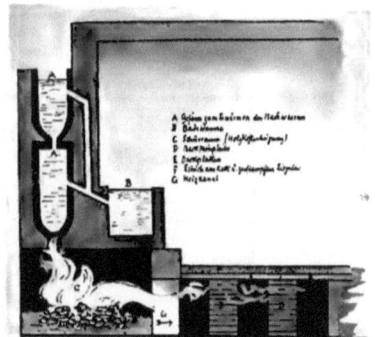

Abb. 78. Heizung eines Bades.

(Abb. 79a). „Das ganze Raffinement römischen Badelebens ist hier auf nordischen Boden übertragen und zeigt uns, daß die Gallier gelehrige Schüler gewesen und daß in Trier wie in Rom ein Cäsar die Gunst seiner Untertanen nicht besser gewinnen konnte als durch Anlage solcher öffentlichen Prachtbauten" (Dragendorff).

Aus zahlreichen Stellen der römischen Schriftsteller wissen wir, daß die Germanen eine große Vorliebe für Bäder und für Schwimmen in den Flüssen hatten. Jedenfalls legten sie auf tägliche Abwaschungen

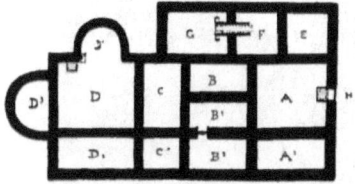

Abb. 77b. Badegebäude (Oberscheidenthal). A Auskleideraum, A₁ Frigidarium, B B₁ B₂ Tepidarium, D Caldarium, D₁ Warmwasserbassin, E F Sudatorium (Schwitzraum), H Eingang.

des Körpers großen Wert, und wo ein Gewässer nicht in der Nähe war, diente der Brunnen im Hofe zu diesem Zweck; wo nicht, fand sich in der eignen Behausung ein Behälter, in dem mit kaltem und warmem Wasser Abspülungen vorgenommen werden konnten; Baden bedeutet ursprünglich soviel wie warme Abspülung. Am gebräuchlichsten zu diesem Zweck war wohl ursprünglich ein aus einem kreisrunden, ausgehöhlten Stück Baumstamm bestehendes Gefäß, später eine Bütte,

woraus sich dann die längliche Badewanne entwickelt, die allerdings auch auf eine längliche Urform des Baumstamms zurückgehen kann. Germanisch ist auch die Sitte des Schwitzbades, das Slawen und andere Nachbarvölker von den Germanen übernahmen. Man nahm ein solches in einem Holzgemach, in dem sich ein Herd (stuba) befand; durch Begießen der heißen Steine desselben erzeugte man den heißen Wasserdampf.

Öffentliche Gebäude.

Es war Sitte, daß in einer römischen Kolonie der Magistrat wie wohlhabende Privatpersonen Spiele veranstalteten, vornehmlich Tierhetzen und Gladiatorenkämpfe. So hatte auch Trier schon im 1. Jahrh. n. Chr. sein Amphitheater, das 70×29 m in der Länge und Breite der ovalen Arena mißt. Etwas kleiner war das Amphitheater in Pompeji, ebenso das zu Metz, Vetera, Colonia Trajana und Colonia Agrippinensis. Aus letzter Stadt, dem heutigen Köln, wird ein Vivarium erwähnt, dem ein Centurio im 2. Jahrh. in 6 Monaten 50 Bären lieferte, die er von seinen Soldaten hatte fangen lassen. Das Trierer Amphitheater (Abb. 80) war eine stattliche Anlage, wenn man damit das Kolosseum in Rom vergleicht, das ein Ausmaß von 86×54 m hat.

„Das Trierer Amphitheater war ein schlichter Erdbau mit Benutzung des natürlichen Terrains. Die ganze östliche Hälfte lehnt sich direkt an den natürlichen Abfall des Hügels, die ganze Arena ist in den Felsen eingetieft, und mit dem hier gewonnenen Schiefermaterial wie mit zugekarrter Erde ist der westliche Halbkreis künstlich aufgeführt. Die halbkreisförmigen Türme hatten den Zweck, dem Druck der Erdmassen wie dem der Gewölbe Widerstand zu leisten. Längs der Arena befinden sich die Käfige für die Tiere, die breiten Gänge waren bestimmt für die Gladiatoren, wenn sie beim Beginn der Spiele in feierlichem Pomp in die Arena einzogen; die 4 schmäleren Gänge wie die 2 tunnelartigen Zugänge führten das Publikum zu den unteren Sitzreihen, während weitere Zugänge von außen zu den oberen Reihen geleiteten" (Hettner).

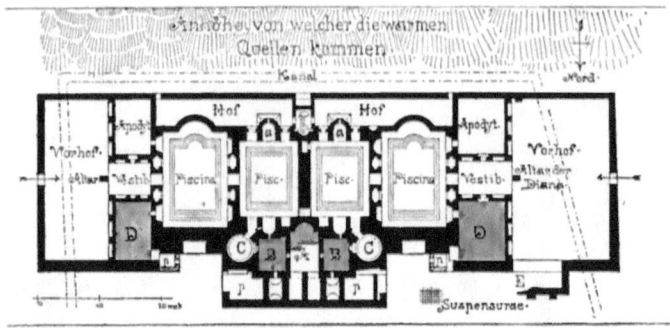

Abb. 79. Die Thermen in Badenweiler im Schwarzwald.

Symmetrische Anlage, die eine Seite für die Männer, die andere für die Frauen. Vorhof mit dem Altar (vestibulum), Auskleideraum (apodyterium), große Badebassins von 1,5 m Tiefe (piscinae), in die das Wasser der Heilquelle geleitet wird.

a Einzelbäder, *C* kaltes Bad, *A B D* heizbare Räume nicht ganz sicherer Bestimmung, *D* wohl das Schwitzbad *p* Feuerung (praefurnium).

Suspensurae = oberer (schwebender) Boden bei Hypokaustenheizung.

Abb. 79a. Südseite der Trierer Thermen um 1610. (Trier. Jahrb. III, Tafel V.)

Von der Beliebtheit der Spiele im Amphitheater zeugen die vielen bildlichen Darstellungen auf Mosaiken und Gefäßen. An szenische Auf-

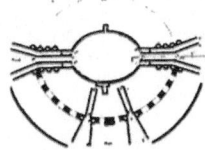

Abb. 80. Grundriß des Amphitheaters in Trier.

führungen, für die Theater in Mainz, Köln, Trier, Xanten und Metz vorhanden waren, erinnern die bemalten Tonmasken (Abb. 82).

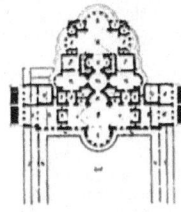

Abb. 81. Grundriß des Erdgeschosses des sog. Trierer Kaiserpalastes.
A B Vorräume, *F* Eintrittssaal (54:32 m), *m* Kuppelsaal

Abb. 83. Dativiusbogen (Mainz).

Von größeren öffentlichen Bauten sind die Basiliken, als Basare für Kleinhändler und Gerichtshallen dienend, zu erwähnen; die Trierer Basilika, jetzt evangelische Kirche, ist 69 m lang und 30 m breit, die in Ladenburg 73 m lang und 29 m breit.

In den größeren Städten waren Paläste für die Statthalter, in Trier erhob sich ein Kaiserpalast, dessen Grundriß eine Reihe gewaltiger Säle aufweist (Abb. 81), wahrscheinlich aber ist er ursprünglich nichts anderes als eine Thermenanlage.

Triumph- und Ehrenbögen bildeten einen weiteren Schmuck der Städte. So ist der Ehrenbogen, den der Dekurio Dativius Victor aus Heddernheim den Mainzer Bürgern widmete, erhalten; seine Teile waren in die Stadtmauer vermauert und konnten wieder vollständig zusammengesetzt werden (Abb. 83).

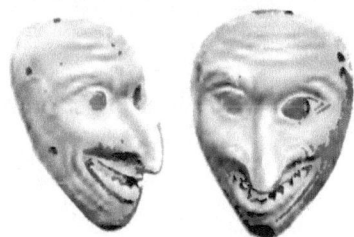

Abb. 82. Theatermasken aus Ton.

Germanische Siedlungen.

Von der jüngeren Steinzeit an bis zum Auftreten der Römer können wir eine ununterbrochene Besiedlung des Gebietes zu beiden Seiten des Rheins nachweisen. Das Volk, das im letzten Jahrtausend v. Chr. hier seine Sitze hatte, war keltischer Herkunft. Dem Vordringen der germanischen Stämme aus Osten und Norden konnte es nicht standhalten und wich allmählich nach Westen zurück, so daß schon Gallien schwer bedroht war, als Cäsar erschien, der die heranflutenden Germanen zurückwarf. Diese Germanen, schon in ihrer alten Heimat, aus der sie ausgewandert, Ackerbauer, führten in dem neubesetzten Gebiet keineswegs ein Nomadenleben, sondern, an feste Sitze gebunden, trieben sie auch hier Ackerbau und Viehzucht. Sie wohnten nach dem Zeugnis des Tacitus „getrennt und zerstreut, wie gerade einem ein Quell, eine Flur, eine Baumgruppe gefällt."

Maßgebend war jedenfalls, daß ein Grasplatz für das Vieh, fruchtbarer Ackerboden, das unentbehrliche Wasser und der Wald (für Fischfang, Holz und Jagd) in der Nähe waren.

Das ist aber nicht so zu verstehen, daß solche Siedlungen nur in Einzelhöfen bestanden. Dem widerspricht die Auffindung ausgedehnter Begräbnisplätze, die eine Mehrheit von Höfen, eine Dorfschaft, voraussetzen, und die Auffindung von Dorfanlagen selbst, z. B. im Koblenzer Stadtwald, wo wir eine solche „Anhäufung

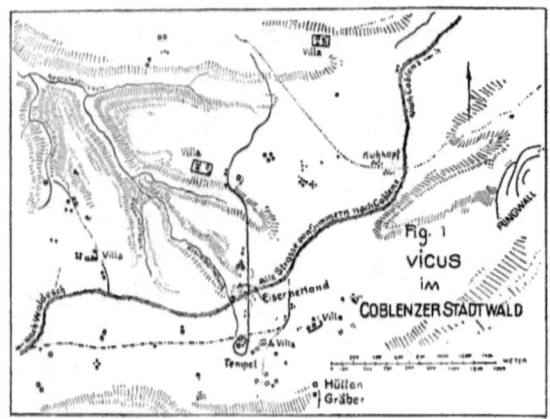

Abb. 84. Germanische Dorfschaft (Frühlatènezeit bis in spätrömische Zeit) mit weitzerstreuter Siedlungsform, viele Häuschen, Scheunen, Ställe, ein Tempel und Zufluchtsstätte, umgeben von Erdwällen bzw. Trockenmauer.

von Einzelgehöften haben, in denen jeder einzelne sich durch Mauer und Zaun von der übrigen Welt abzusondern sucht" (Abb. 84). Von solchen Dorfanlagen sagt Tacitus Germ. 16: „Ihre Weiler bestehen nicht aus verbundenen und zusammenstoßenden Gebäuden, vielmehr umgibt jeder sein Haus mit einem Hofraum."

Diese Schilderung entspricht dem sog. Haufendorf (Abb. 85); es ist „eine lockere Gruppe planlos gelegter Hofstätten von mäßiger Anzahl. Jedes Haus hat seine eigene Richtung und liegt für sich, ist zwar den andern Häusern benachbart, berührt sie aber nicht und schließt sich vollends nicht mit diesen zu einer Reihe zusammen" (Meyer). So kommt es, daß das Wegenetz eines solchen Dorfes unregelmäßig, winklig und krumm ist. Neben solchen Dörfern gab es natürlich viele Einzelhöfe; diese überwogen da, wo, wie in Heide und Moor, für größere Anlagen kein Platz war.

Eine andere Siedlungsart ist das Reihendorf; hier liegen die Häuser längs einer durch das Gelände bedingten Linie. Jedes Gehöft ist auf einem schmalen, rechteckigen Flurstreifen gelegen. Bei den Reihendörfern wie bei den Weilern, die sich aus wenigen (etwa 3—6) Gehöften zusammensetzen, ist römischer Einfluß nicht zu verkennen (Abb. 86)). Bei dem Straßendorf drängen sich „die Gehöfte in rechtwinkelig gestellten Reihen an die gerade, kurze, sehr breite Straße"(Luckenbach) (Abb. 87).

Bei den Runddörfern oder Rundlingen finden wir einen freien Platz, um den die Gehöfte liegen; an sie schließen sich die Baumgärten an, die bis zur Hecke reichen. Eine solche Umfriedung, aus Planken oder lebender Hecke bestehend, umgibt gewöhnlich das ganze Dorf.

Über die Urform des germanischen Hauses, das auf einer oft halbkreisförmigen oder elliptischen geglätteten Fläche (sog. Podien) errichtet wurde, lassen sich nur Vermutungen aufstellen; es war ein Rundbau oder hatte viereckige Form; beide Formen kommen vor. Die Berufung auf die Darstellung der Marcussäule, die Rundbauten zeigt, ist nicht stichhaltig; „wir haben hier jedenfalls nur Hütten für kleine Leute oder Vorratshäuser vor uns". Wahrscheinlicher ist die quadratische Form für das Wohnhaus und die rechteckige für Wirtschaftsgebäude. Alle waren aus Holz bzw. Fachwerk, das Dach, hoch und steil, war ein Zelt- oder ein Satteldach. Der Firstbalken wurde durch eine kräftige Holzsäule in der Mitte des Wohnraumes gestützt (Abb. 90, 91).

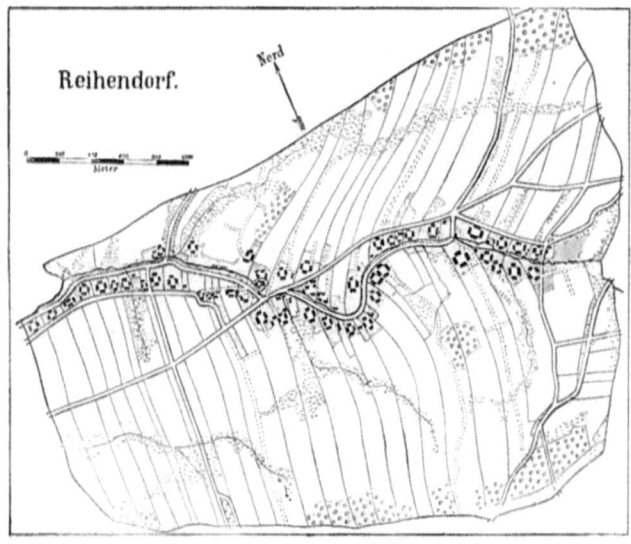

Abb. 86. Frankenau (in Sachsen).

Die Pfosten selbst, die den Dachstuhl trugen, waren in die Erde eingetrieben oder standen auf Steinblöcken, in die sie eingefügt waren. Hier und da kommen auch schon trockene Fundamentmauern vor. Die Eingangsseite hatte oft eine von Pfosten getragene Vorhalle, die spätere Laube. Die Wände des Baues waren entweder nach Art der Blockhäuser hergestellt, oder die Pfosten waren hürdenartig durchflochten und außen und innen mit Lehm beworfen. Einige Stellen der Hauswand, berichtet Tacitus, bestreichen die germanischen Werkmeister mit einer weißen, hell glänzenden Erdart so kunstreich, daß es wie Bemalung mit Linienwerk aussieht.

Gedeckt war das Dach mit Stroh, Schilf, Rasenstücken oder Schindeln. Lichtöffnungen waren unter dem Dache in den Wänden, das meiste Licht aber strömte durch die Lücke in diesem, durch die auch der Rauch des Herdes abzog. Der Fußboden war aus geschlagenem Lehm ge-

Abb. 85. Geusa (bei Merseburg).

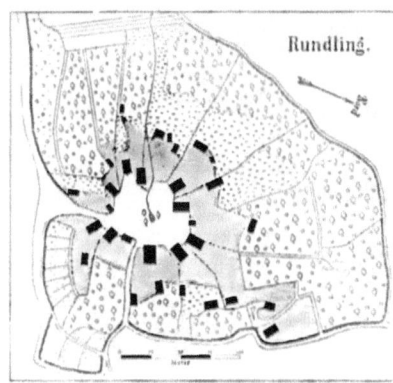

Abb. 88. Witzeetze (Reg.-Bez. Lüneburg).

bildet oder gedielt. In der Mitte stand der Herd, von Steinen umrahmt. Schlafräume lagen bei größeren Wohnungen wohl um den Hauptraum, die Halle, die zu Repräsentationspflichten, zum Gastverkehr u. ä. diente. Bei Reicheren gab es wohl besondere Häuser zum Wohnen, Schlafen, Kochen, für die Dienerschaft, die Vorräte usw. Gewöhnlich wurde wohl im Wohnraum auf dem Herde die Speise bereitet. Von den Römern, die in besseren Haushaltungen einen besonderen Raum für die Herstellung der Speisen hatten, lernten die Germanen die Culina oder Coquina kennen, wovon sich „Küche" herleitet.

Anders in ihrem Aufbau war eine zweite Hausart, das halbunterirdische Vorrats- und Webehaus, das durch einen Holzboden in einen oberen und einen unteren Teil geschieden wurde; der letztere vertrat den Keller, in jenem wurde gearbeitet, oder er wurde als Wohnraum benutzt. Oft auch ist auf den unteren Raum, den Keller, verzichtet. Der Grundriß ist gewöhnlich rechteckig (Abb. 91, 93). Als Tiefe kann man etwa 2 m annehmen. In den runden Löchern staken die Pfosten, an die sich die Holzbohlen anlegten, welche als Wände den Abschluß gegen das Erdreich bildeten. Eine überdachte Treppe a führte zur Ein-

gangstür. Durch sie gelangte man in den Vorraum b, der wahrscheinlich den Herd enthielt; c war wohl der Wohnraum, und die etwa 30 cm hohen und 85 cm breiten Erdbänke an den Wänden (d) bildeten die Sitzgelegenheit oder dienten, mit Decken oder Fellen belegt, als Ruhestätten. Über dem Ganzen breitete sich das Satteldach aus, das wohl bis auf die Erde reichte.

Der Einzelhof hatte eine Einfriedigung von Planken oder Pfahlwerk, aber mehr zum Zwecke der Umzäunung als zum Schutz gegen Feinde.

Steinbauten wurden von den Germanen erst unter römischem Einfluß ausgeführt; darauf weist auch die Aufnahme

Abb. 87. Trebnitz (sö. von Merseburg).

Abb. 89. Germanische Hütten (Marcussäule).

Abb. 90. Germanisches Haus (Grundform).

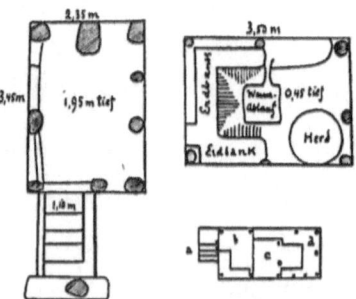

Abb. 91. Erdwohnung (Zugmantel).

Abb. 92. Grabhäuschen aus Kastel (n. Schumacher).

Abb. 93. Erdwohnung (Zugmantel).

der lateinischen Ausdrücke Ziegel (tegula), Mauer (murus), Fenster (fenestra), Pforte (porta), Kalk (calx), Keller (cellarium), Pfeiler (pilarium) hin. Auch in der nachrömischen Zeit wird das Privathaus zunächst aus Holz und Fachwerk erbaut, während größere öffentliche Bauten wie Kirchen, Fürstensitze u. ä. aus Stein hergestellt wurden.

„Die Bewohner eines einzelnen Hauses waren unter dem Hausherrn als Hausgenossenschaft organisiert, und diese gehörte dem übergeordneten Verband ihrer Sippe, d. h. einer Familiengenossenschaft, an. Aus gesippten Familien setzte sich eine Ortschaft (vicus) zusammen, und aus Ortsgemeinden hatten sich Bezirke gebildet (pagus); die Mitglieder der Ortschaften und Bezirke repräsentieren die Volksgemeinde (Landsgemeinde) oder den Volksstamm (civitas). Aus mehr oder weniger selbständigen Landsmannschaften (Kantonen) bestehen die großen, auf Stammverwandtschaft beruhenden Völkerschaften der römischen Zeit" (Kauffmann).

Abb. 94. Brunnen in dem Lagerdorf der Saalburg.

III. Wasserversorgung und Entwässerung.

Brunnen.

Die Brunnen der Römer sind meistens Schachtbrunnen, und zwar ist der Schacht mit einer Einschalung von Holz versehen: eichene Bohlen, die durch ausgeklinkte Zapfen innig ineinander gefügt sind, umkleiden den viereckigen Schacht (Abb. 95). Weit dauerhafter und wohl auch jünger sind die gemauerten Brunnen, deren Mauerwerk meist auf einem Holzrost ruht und bis auf den Brunnenrand ohne Verwendung von Mörtel hergestellt ist. Die Tiefe richtet sich nach der geologischen Beschaffenheit des Geländes. Über dem Schacht erhebt sich der Oberbau in der Art, daß die Verschalung auf Brüstungshöhe über die Erde hochgeführt und daß ein gemauerter Brunnenkranz in gleicher Höhe errichtet wurde. Auf diesem erhob sich der Balkenbau, der die Aufziehvorrichtung trug. Er war überdeckt, und zwar durch ein Dach, das mit Stroh, Schindeln oder Ziegeln gedeckt war (Abb. 96—98). Gehoben wurde das Wasser in Eimern (Abb. 101, 252) vermittelst Ketten oder durch Taue, die über eine Rolle (Abb. 95) oder um eine drehbare, einer Winde ähnliche Welle liefen. Der Henkel des Eimers (Abb. 102) hing an Kette oder Seil in einem federnden Haken. Reste eines Brunnenseiles zeigt Abb. 100, einen einfachen, auf der Saalburg gefundenen Brunnenhaspel Abb. 101.

Mit Vorliebe wurde eine germanische Siedlung bei einer Quelle oder einem anderen Gewässer angelegt. Sonst diente zur Wasserversorgung der mit Steinen umstellte Sammelbrunnen und die Zisterne, in der sich das Regenwasser sam-

Abb. 95. Brunnenverschalung und Brunnenrollen.

Abb. 96. Römische Brunnen.

Abb. 97. Ziehbrunnen mit Strohdeckung.

Abb. 98. Ziehbrunnen mit Schindeldeckung (Saalburg).

Abb. 99. Wasserbassin, mit Eichenbohlen verschalt.

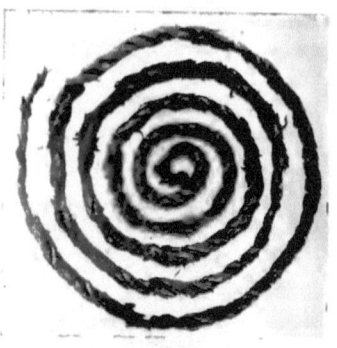
Abb. 100. Brunnenseil aus Hanf (Zugmantel).

Abb. 101. Brunnenhaspel (Saalburg).

Abb. 102. Brunneneimer

melte. Die Kunst, Brunnen auszuschachten und auszumauern, haben die Germanen wohl von den Römern gelernt, von denen sie auch die Bezeichnung puteus (gemauerter Brunnenschacht) übernommen haben, welches Wort noch in unserm Pfütze erhalten ist. Daneben kommen rechteckige Ausschachtungen vor, die mit Brettern verschalt sind und einen aus starken Eichenbohlen hergestellten Bodenbelag zeigen (Abb. 99).

Wasserleitungen.

Neben den Brunnen dienten die Wasserleitungen zur Wasserversorgung; auf frisches und reines Wasser wurde hoher Wert gelegt. Aus dem Grunde wurden viele Kastelle, die großen Bedarf daran hatten, in der Nähe von Quellen angelegt. Wo eine wasserreiche Höhe hier auch zur Speisung der öffentlichen Brunnen, die an den Straßenecken sprudelten (Abb. 104). Manche Leitungen waren von beträchtlicher Länge, so erhielt

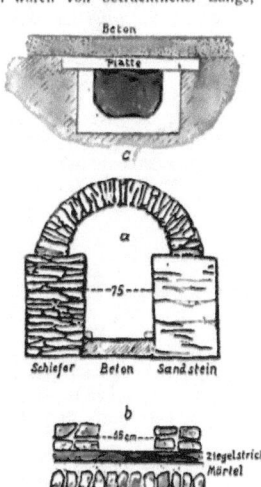

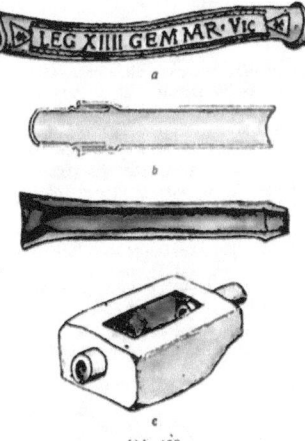

Abb. 103.
a, b Wasserleitungsröhren aus Blei und Ton, *c* Schlammfänger.

Abb. 103a. Be- und Entwässerungskanäle.
a Durchschnitt durch die Wasserleitung bei Trier, *b* Profil eines Entwässerungskanals (Kastell Hofheim), *c* Bäderwasserleitung (Aachen).

war, wurde von dort das Wasser in gebohrten Holzröhren, die oft durch eiserne Ringen zusammengehalten wurden, oder in Ton- (*b*) und Bleiröhren (*a*) herbeigeleitet (Abb. 103). Zur Reinigung des Wassers dienten gemauerte oder aus Stein gehauene Schlammkasten (*c*).

Größere Anlagen, vor allem die Städte, bedurften der Wasserleitungen, die aus unter- oder oberirdischen Kanälen bestanden. Von ersteren zeigt eine nach Aachen führende Kaltwasserleitung Tonröhren von U-förmigem Querschnitt; die Bedeckung geschah durch Ziegelplatten und Beton. Ein Kanal in Trier ist aus Bruchsteinen aufgemauert mit gewölbter Decke (*f*). Ein Baden-Badener Kanal hat Plattenbodenbelag und Wände aus Quadern. Die oberirdischen ruhen auf Bogenstellungen. Solche Aquädukte finden sich noch nahe Zahlbach bei Mainz, bei Metz, in kleineren Resten im Urfttale (nach Köln führend), im Ruwertale (nach Trier) und bei Rottenburg a. Neckar. In den Städten endete der Kanal in den Wasserkastellen (dividicula), von wo das Wasser gleichmäßig durch Bleiröhren verteilt wurde. Es diente

Abb. 104. Brunnenstein, gestiftet von der 26. Kohorte freiwilliger römischer Bürger, aus Oossscheuren i. B.
(Nach Fritsch, Baden in röm. Vorzeit.)

Köln sein Wasser aus der Eifel in einer Entfernung von 80 km, Metz aus der Nähe von Gorze durch eine Leitung von 23 km Länge.

Kanäle.

Von besonderer Bedeutung ist bei baulichen Anlagen die **Entwässerung**. Mit großer Sorgfalt sorgten die römischen Baumeister für Abführung des störenden Wassers. An Wegen und Straßen dienten dazu die offenen Gräben; ebenso trugen die um die Kastellmauer laufenden Gräben zur Entwässerung der ganzen Kastellanlage bei. In Kellern und Fundamenten in feuchtem Boden traten an deren Stelle die überdeckten Kanäle.

Durch das ganze Lagerinnere zieht sich eine Reihe von solchen, die auch den Zweck haben, das Regenwasser abzuleiten. Wo das Erdreich undurchlässig ist, finden sich bei den Kanälen keine den Boden bildenden Rinnsteine; wo jenes nicht der Fall ist, ist der Boden durch Steinstückung mit Betonaufguß, Steinplatten u. ä. gebildet. Die Kanalwände sind bei größeren Kanälen aus Mauerwerk hergestellt, das oben mit Steinplatten gedeckt war (Abb. 103 b). Weit einfacher sind die durch bloße Gräben gebildeten Kanäle; sie wurden rechtwinkelig oder mit schrägen Wandungen in das Erdreich eingeschnitten, mit Holzbohlen abgedeckt, oder der ganze ausgehobene Raum wurde mit losen Steinen ausgefüllt; so entstand der sog. Rieselkanal.

IV. Heizung und Beleuchtung.

Ursprünglich verwandte man offene Feuerungsanlagen, indem man Holz auf dem Boden aufhäufte und in Brand steckte. Verbessert wurden sie, als man einen Graben in die Erde einschnitt, in dessen Sohle das Holz brannte, während die Kochgefäße auf dem Grabenrand ruhten. Daneben ist der gemauerte Herd, meist ein viereckiger massiver Steinklotz, aus Basalt oder Ziegeln aufgemauert, in Gebrauch (Abb. 105). Die Kochgefäße hängen hier an Ketten über dem Feuer; das Fleisch wird auf Eisenrosten gebraten (Abb. 109).

Solche Herde, wie wir sie in den Soldatenhütten finden, dienten auch zugleich zur Heizung.

Die Wohnräume der massiven Gebäude werden durch die sog. Hypokausten (Abb. 107, 108) erwärmt.

Das Feuer wird aus Holzkohlen im Schürraum, praefurnium (*F*), erzeugt. Die heiße Luft streicht nun unter dem Fußboden her, indem sie zwischen den Pfeilern *C*, die den aus Platten *B* und Estrich *A* bestehenden Fußboden tragen, herzieht und durch die

Abb. 105. Gemauerter Herd.

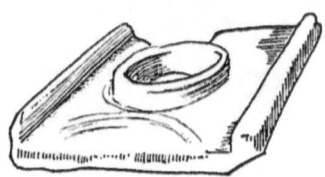

Abb. 106. Ziegel mit Rauchabzugsloch.

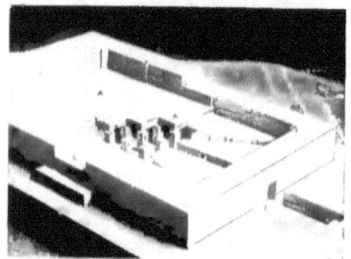

Abb. 107. Hypokausten (rekonstruiert).

Abb. 108. Hypokaust (nach der Ausgrabung).

hohlen Heizkacheln E der Wände bis zur Decke in den Schornstein oder in Abzugslöcher (Abb. 106) mündet. Oft ziehen auch unter dem Fußboden strahlenförmig gemauerte Kanäle H für die warme Luft her.

Abb. 109. Eisenrost.

Der Feuerraum, praefurnium, findet sich in der Regel neben oder vor dem Raum, der geheizt werden soll. Er ist gewöhnlich ein viereckiger, von feuerfesten Steinen, z. B. Granitblöcken, umschlossener Raum, der mit einem Schürloch versehen ist. In ihm heizt man mit Holzkohlen. Frische

Die Feuerstatt in der älteren Zeit oft außerhalb des Gebäudes gelegen, bildete den Mittelpunkt des

Abb. 112. Römische Tonlampen.

germanischen Hauses. Hier im Hauptraum wurde auf dem geschlagenen und geplätteten Lehmboden

Abb. 110. Heizgeräte.

Luft, die über die Glut und an den heißen Wänden des Feuerraums herstrich, ließ man ein, indem man den Verschluß der

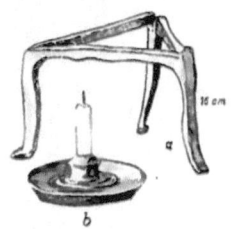

Abb. 111. a Dreifuß, b Leuchter.

Schüröffnung entfernte. Eisernes Gerät, wie Schüreisen und Feuerschaufel, waren die bei der Heizung gebräuchlichen Werkzeuge (Abb. 110).

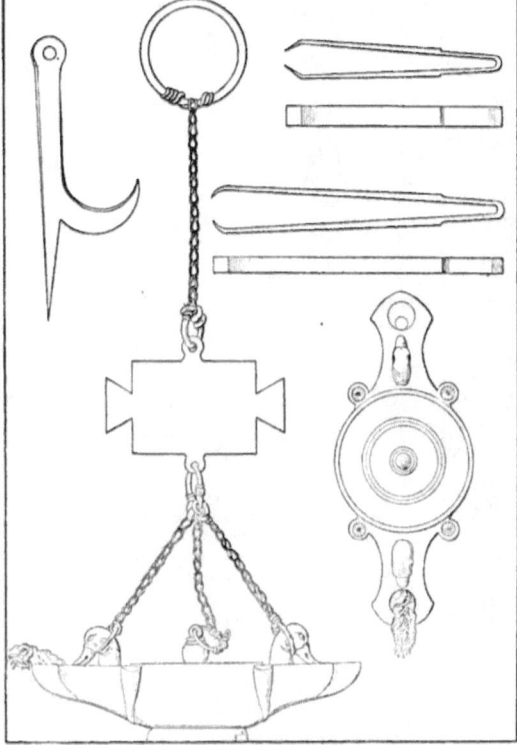

Abb. 113. Bronzelampe (Stabiae) mit Haken zum Herausziehen und Zangen zum Putzen des Dochtes.

das Feuer angezündet und unterhalten. Das war nur so lange möglich, als die bloße Erde noch den Fußboden des Raumes bildete. Als dieser gedielt wurde, ließ man eine Stelle frei; hier wurde durch eine von Steinen umrahmte Erdaufschüttung eine besondere Feuerstatt gebildet. Erleichtert wurde das Anbrennen der Holzscheite durch den Feuerbock, auf den die Holzstücke gelegt wurden. Die Feuerung auf offenem Herd setzt eine Öffnung im Dach voraus, durch die der Rauch abziehen konnte. Mit der geschlossenen Decke mußte

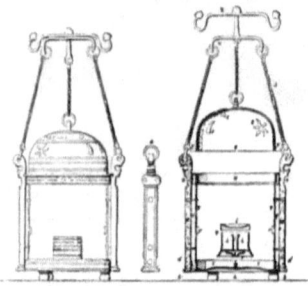

Abb. 114. Römische Bronzelaterne.

auch die Feuerung eine andere werden. Die Feuerstatt wurde an die Wand gerückt, mit einem kuppelartigen Aufbau aus Lehm versehen und der auf diesen aufgesetzte Schlot als Rauchabzug benutzt. Das Vorbild zu solchem Kamin gaben die Backöfen, die Brennöfen für Tongeschirr und die Metallschmelzöfen. In germanischen Siedlungen bei Braubach und Oberlahnstein wurden schwere tönerne **Kohlenpfannen** (wohl zu Heizzwecken) ausgegraben.

Zur Beleuchtung der Räume dienten neben dem Herdfeuer die **Öllampen**. Sie bestehen aus einem runden oder länglichen abgeflachten Ölbehälter, der an der einen Seite die zur Aufnahme des Dochtes bestimmte Schnauze, an der entgegengesetzten gewöhnlich einen Henkel hat (Abb. 112). Das Öl wird durch ein auf der Oberseite befindliches Loch eingegossen. Unten sind die Lämpchen, da sie zum Aufstellen bestimmt sind, abgeflacht. Sie haben geringe Leuchtkraft, verbreiten dazu einen unangenehmen Qualm und bedürfen häufiger Wartung, weil sowohl der Docht von Zeit zu Zeit mit einer Nadel oder Pinzette herausgezogen, als auch das Öl nachgefüllt werden muß. Um die Beleuchtung zu steigern, verwendete man mehrere

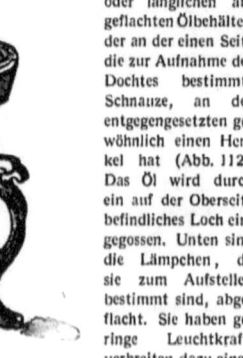

Abb. 115. Bronzeleuchter (Mainz).

Lampen, trotzdem konnte mit ihnen kein Raum nach unseren Begriffen unter Licht gesetzt werden. Es gab auch Lampen von 2—20 Dochten. Zum Aufstellen der Lampe, die möglichst von oben ihr Licht verbreiten sollte, verwendete man den Kandelaber, einen auf einem Fuß stehenden Schaft, der oben eine Platte trug. Andere Lampen, besonders die größeren Bronzelampen, konnte man an Ketten aufhängen (Abb. 113).

Die meisten nördlich der Alpen gefundenen Lämpchen sind aus Ton gebrannt; viele tragen Verzierungen (Abb. 46, 289), manche zeigen auf der Unterseite den Stempel des Fabrikanten.

Abb. 116. Lichtfaß.

Von anderen Beleuchtungsgeräten seien die **Leuchter** erwähnt, wie die unseren aus Fuß, Schaft und Tülle mit Öffnung zur Aufnahme der Kerze bestehend, die aus Unschlitt oder Wachs mit einem Docht aus Binsenmark, Werg o. ä. hergestellt wurde (Abb. 111a, 115). Zur Befestigung der Kerze diente manchmal ein Metalldorn, auf den sie aufgesteckt wurde. Eine kunstvolle Bronzelaterne s. Abb. 114.

Auch die **Fackel** aus Werg, Bast u. ä. in Verbindung mit Harz, Wachs, Pech oder Fett, diente zur Beleuchtung. Eiserne Tüllen zum Befestigen der Fackel an der Wand fanden sich öfter (Abb. 267e).

Abb. 117. Steinbohrer (nach M. Loebell).
Von gleicher Bauart ist der Feuerbohrer, bei dem der unter *B* befindliche Stein wegfällt. An seiner Stelle ist in dem Bödenholz eine kleine Vertiefung, in der die Spitze des Holzstabs *A* hin- und herbewegt wird.

In der älteren Zeit bildete bei den **Germanen** wohl das Herdfeuer, dessen Glut stets unterhalten wurde, die einzige Lichtquelle in der Dunkelheit. Dann wurden dünngeschnittene harzige **Kienspäne** in eisernen Körben aufgehängt oder zusammengebunden, mit Werg umwunden und mit Harz getränkt als **Fackeln** benutzt. Vollkommener war die Beleuchtung, die das **Lichtfaß** (Abb. 116) gewährte, ein schalenähnlicher Topf aus Ton mit einem Henkel zum Anfassen oder mehreren Henkeln zum Durchziehen einer Schnur, vermittelst deren das Gerät aufgehängt werden konnte. Gefüllt war es mit Fett, wie Unschlitt, in dem ein aus Werg gedrehter Docht stak. Römischem Einfluß sind wohl die Kerzen aus Unschlitt oder Wachs zu verdanken.

Das Feuer wurde in der älteren Zeit auf folgende Weise hervorgerufen: „Ein Stück Holz wird mit einer kleinen Vertiefung versehen, in die man die Spitze eines zweiten runden Holzes, des Bohrers, einsetzt. Man gibt dann dem Bohrer mit Hilfe der beiden Handflächen eine quirlende Bewegung, worauf sich das in der Vertiefung sammelnde Bohrmehl erhitzt und endlich entzündet." Ein Druck von oben ist hierbei nötig, er wird erreicht, indem man an das obere Ende des Bohrers das durch ein Leder oder ein kleines ausgehöhltes Holzstück geschützte Kinn andrückt. Leichter wird der Bohrer bewegt, wenn man um ihn eine Schnur legt, die mit den Händen hin und her gezogen wird, oder die Enden der Schnur werden wie bei einem Bogen an einem gebogenen Holz befestigt, das dann gleichfalls hin und her bewegt wird. Manchmal wird der Bohrerdruck erreicht durch einen auf dem Bohrer lastenden Stein (Abb. 117). Sehr verbreitet ist die Erzeugung des Feuers durch zwei Feuersteine oder einen Stein und ein Stück Eisen oder Stahl, die zusammengeschlagen werden, wobei die abspringenden Funken durch Zunder aufgefangen werden. In der Völkerwanderungszeit findet sich häufig in den Gräbern ein kleines Metallgerät, ein Bügel mit hakenförmig umgebogenen Enden aus Eisen, Bronze, Silber oder Gold (Abb. 118); bei den letzteren ging von einem zum andern Ende ein feines Eisenband, an dem der Feuerstein angeschlagen wurde.

Abb. 118.
Feuerstein und Feuerstahl.

Zur Erzeugung des Feuers wurde jedenfalls schon von den Römern Stahl und Feuerstein benutzt. Plin. XXXVI. 30 sagt: „Feuersteine sind den Quartiermachern sehr nötig, denn sie geben, mit einem Nagel oder mit einem anderen Steine zusammengeschlagen, Funken, die in Schwefel, trockenem Schwamm oder in Blättern aufgefangen, schneller, als man sagen kann, Feuer hervorrufen." Auf der Saalburg sind Feuersteine und Feuerstähle gefunden worden.

V. Bauwesen und Bildnerei.

Mauerbau.

Zur Herstellung des einfachen Mauerwerks wurden bei militärischen Bauten die Soldaten selbst verwendet; darauf deuten manche Inschriften; so berichtet eine solche vom Zugmantelkastell: Pedatura Treverorum p(assus) LXXXVI sub cur(am), agente Crescentino Respecto (centurione) Leg(ionis) VIII aug(ustae), daß eine Abteilung treverischer Fußtruppen unter dem Centurio C. R. der 8. Legion eine Mauer von 96 röm. Schritt (144 m) aufgeführt habe.

Steinbrüche, in denen das Material für die Bauten geholt wurde, sind nachgewiesen im Schwarzwald bei Pforzheim, Leimen, Baden-Baden, im Taunus

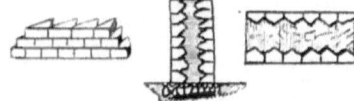

Abb. 119. Römisches Mauerwerk.

Abb. 120. Keller in Fischgrätenmauerwerk.

nahe der Saalburg, im Siebengebirge, in den Vogesen bei Niederbronn, am Odilienberg, im Odenwald bei Auerbach, Miltenberg, am Königstuhl, in der Rheinprovinz bei Rheinbrohl, Mayen, Niedermendig, Gillenfeld u. a.

Viele Bauten waren nicht aus Stein, sondern aus Holzfachwerk errichtet (Abb. 119 oben). Dabei wurden die Zwischenräume des aus Balken hergestellten

Gerippes des Gebäudes durch Staakwerk, d. h. durch dünnere Hölzer oder Geflecht, ausgefüllt, das mit Lehm beworfen wurde.

Eine wichtige Rolle spielt bei all den Bauten der Estrich. Wir unterscheiden hier den Lehmestrich, hergestellt aus geschlagenem, mit Sand, Spreu, Häcksel u. a. vermischtem Lehm, und den Kalkestrich. Bei diesem legte man auf eine Schicht kleiner Steine eine Lage eines Gemisches, das aus Mörtel und Kies oder Kleinschlag fest zusammengestampft ist und 10 bis 15 cm Dicke hat. Hierauf kommt eine dritte Schicht, sind. Hatte der Maurer für seine Mauer nur Bruchsteine zur Verfügung, so mauerte er sie so, daß er möglichst wagrechte Steinzeilen bekam; wir erhalten so das Mauerwerk mit unregelmäßigem Verband, opus incertum. Beim Quadermauerwerk kommen winkelrecht behauene Steine, besonders Sand- und Basaltsteine zur Verwendung. Häufig finden wir die Quadern so verwendet, daß sie die Außen- und Innenseite der Mauer bilden, während der Zwischenraum mit in Mörtel gebetteten kleineren Steinen ausgefüllt ist; dabei sind die Quadern so behauen, daß sie nach innen sich drei-

Abb. 121. Mosaikfußboden. (Trier. Jahrb. I.)

aus Backsteinstücken, Gefäßscherben u. a. mit Mörtel bestehend und 15—25 cm dick. Auf diese legt man, wenn sie festgestampft ist, eine dünne Lage feingeschlagener Ziegelstückchen, die in den Mörtel eingestampft und dann nach dem Trocknen mit glatten Sandsteinen abgeschliffen werden. Wir haben hier das vor uns, was für unsere modernen Beton- und Terrazzoarbeiten kennzeichnend ist. Über die Technik des Mauerbaues, wie er in den bisher besprochenen Bauten zum Ausdruck kommt, sei folgendes bemerkt:

Die unterste Lage eines Mauerfundamentes besteht gewöhnlich aus einer lockeren, mörtellosen Steinpackung von Bruchsteinen, die auf die Kante gestellt eckig oder zungenförmig verjüngen, um eine rechte Einmörtelung zu ermöglichen (Abb. 119).

Beim Fischgrätenverband, opus spicatum, gern verwendet bei schlechtem Steinmaterial zur Ersparnis von Zeit, Arbeit und Mörtel, ahmt das Mauerwerk die Lage der Körner bei einer Ähre oder der Gräten bei der Fischgräte nach (Abb. 120).

Das Netzmauerwerk, opus reticulatum, zeigt Steine oder Ziegel mit quadratischer Fläche, also eine Art Würfel, die so aneinandergelegt wurden, daß sie, eine Spitze nach unten, wie Keile sich aneinanderfügten. Der zum Mauerbau verwendete Mörtel, aus Sand und Kalk bereitet, war nicht dünnflüssig, sondern recht steif.

Der Verputz war entweder „steinsichtig" mit eingeritzten Fugen, oder die ganze Mauerfläche war farblos beworfen oder bemalt. So sind die Sandsteintürme im Odenwald nicht mit Farbe übermalt; die Fugen zeigen einen feinen grünlich-gelben Kalkmörtel, in den bleistiftstarke Quaderfugen über den Anschlußstellen der einzelnen Bausteine eingedrückt sind. Limestürme und Kastellmauern aus anderm Gestein zeigen oft weißen oder gelblich-weißen Verputz mit eingerissenen, rot nachgemalten Stoß- und Lagerfugen.

Abb. 122. Legionsstempel auf Ziegeln.

Angefügt seien hier die prächtigen Mosaikarbeiten. Sie wurden aus verschiedenfarbigen Stein- und Glaswürfeln oder Stäbchen hergestellt, die in einen zementartigen Untergrund gedrückt wurden. „Wie Teppiche in feinabgetönten Farben überziehen sie die Böden der Säle; in die reichverschlungenen Ornamentbänder sind Bilder hineingeflochten, Szenen der Arena, mythologische Szenen, auch Szenen aus dem Alltagsleben, Porträts berühmter Männer, allegorische Figuren usw." (Dragendorff.) Abb. 74b, 121.

Ziegel.

In der Herstellung von Ziegeln waren die Römer Meister; die Verwendung des vortrefflich zubereiteten und gebrannten Materials war aber auch eine sehr ausgedehnte. Auch bei den Lagerbauten war die Nachfrage nach den so bequem zu verwendenden Ziegeln eine sehr große, und so mußten denn die Soldaten, die ja in so mannigfaltiger Weise beschäftigt wurden, bei der Ziegelbereitung Hand anlegen. In bestimmten Ziegeleien, so zu Nied bei Höchst, Großkotzenburg, in Xanten, Rheinzabern u. a., stellten sie die Ziegel in Öfen oder durch Feldbrand her und versahen sie mit dem Stempel ihrer Truppe. Diese Stempel, aus Holz, Ton oder Metall hergestellt, manchmal auch unter Verwendung beweglicher Buchstaben, enthielten Angaben,

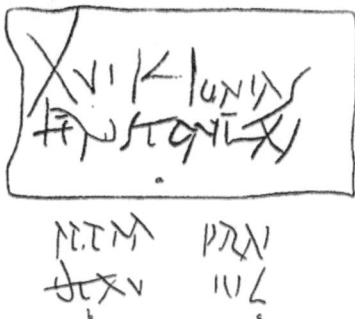

Abb. 123. Graffiti auf Ziegeln.

wie Legio XXII pr(imigenia) p(ia) f(idelis), Coh(ors) IIII Vind(elicorum), Coh. II Raet(orum) (Abb. 122). Der Stempel iustum fecit (er hat's richtig gemacht) ist der Abnahmestempel, der die Richtigkeit der Zahl der gefertigten Ziegel bescheinigt. Auch andere Inschriften finden sich manchmal, die mit einem Griffel oder Hölzchen in den weichen Lehm eingeritzt sind, sie enthalten oft Datumangaben, wie (Abb. a) XVI K(al) Iunias Hriston LXI oder (Abb. c) PRN (pridie nonas Iulias = 6. Juli) IVL, auch die Zahl der gefertigten Ziegel wird bisweilen aufgeschrieben, so (Abb. b) NTM (numerus tegularum minorum) DCXVI (Abb. 123). Übrigens wurden nicht nur die Mauerziegel, sondern auch die Heizkacheln sowie die Dach- und Verblendziegel oft ge-

Abb. 124. Fußspur einer Ziege auf einem Ziegel (Rheinzabern).

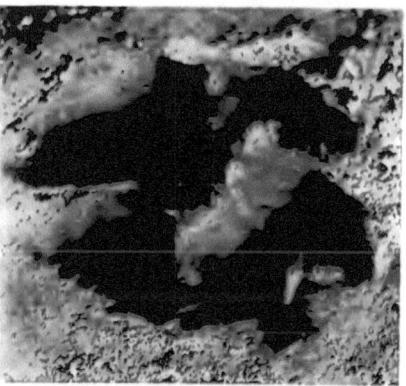

Abb. 125. Hundepfote auf Ziegel (Rheinzabern).

stempelt. Hier mag auch noch auf die Abdrücke von Menschen- oder Tierfüßen, Schuhsohlen u. ä. im weichen Lehm der Ziegel hingewiesen werden (Abb. 124, 125).

Manchmal zeigen die Stempel Fehler, so RRPF statt PRPF; dies rührt von den des Schreibens oder Lesens unkundigen Soldaten her, die die Buchstaben falsch ins Holz schnitzten. Die Stempel selbst sind bald rund, bald rechteckig, die Schrift ist meist vertieft, so daß sie auf dem Ziegel erhöht erscheint. Die Sitte, die Soldatenziegel zu stempeln, kam etwa 50 n. Chr. auf.

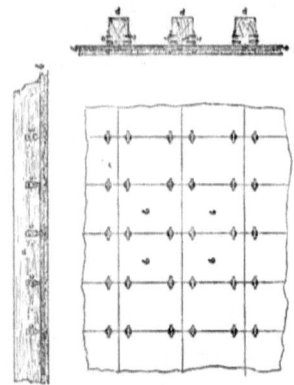

Abb. 126. Verblendziegel.

Zwar darf man aus der Anwesenheit gestempelter Ziegel nicht ohne weiteres schließen, daß die darauf verzeichnete Truppe nun auch an deren Fundplatz sich aufgehalten habe. Die Stempel besagen weiter nichts, als daß sie von Mannschaften der Truppe hergestellt worden sind. Sehr wichtige Angaben aber sind diese Stempel für die Zeitbestimmung der Bauten; z. B. haben die niederrheinischen Truppenteile erst nach 89 n. Chr. die ehrende Bezeichnung pia fidelis bekommen. Findet sich also dieser Zusatz auf Ziegeln, so kann das daraus hergestellte Gebäude erst nach jener Zeit entstanden sein. Oder die 6. Legion war nach 120 n. Chr. nicht mehr in der Gegend von Aachen; eine Bäderwasserleitung dort besteht nun aus Ziegeln dieser Legion, sie muß demnach vor 120 n. Chr. erbaut worden sein.

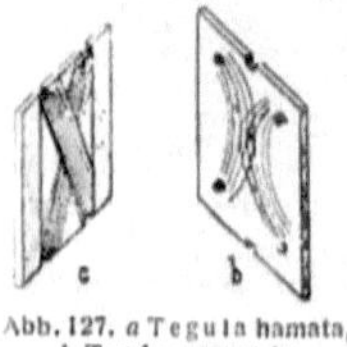

Neben den unseren Backsteinen entsprechenden Ziegeln kommen quadratische Ziegelplatten sehr häufig vor; die kleineren von ihnen wurden zur Herstellung der Hypokaustenpfeiler (Abb. 78, 106, 107) und zum Belag von Fußböden verwendet; daneben kommen auch Platten vor, die eine Seitenlänge bis zu 50 und mehr cm aufweisen.

Abb. 127. a Tegula hamata, b Tegula mammata.

Eine bestimmte Sorte von Ziegeln wurde zur Verblendung der Decken und Wände verwendet (Abb. 127a). Damit sie besser in dem auf die Wand aufgeworfenen Mörtel haften können, haben sie auf der einen Seite warzenförmige Erhöhungen (tegulae mammatae). Andere dieser Verblendziegel haben haken- oder ohrenförmige Erhöhungen (tegulae hamatae), mit denen sie auf der Mauer aufliegen. Zwischen Ziegeln und Wand entsteht dadurch ein Hohlraum von $6^{1}/_{2}$ cm Höhe, durch den die Luft zirkulieren kann. Befestigt wurden sie durch eigentümlich geformte Nägel in T-Form. Für diese Nägel haben die Ziegel Einschnitte'(c). Jeder Nagel hält zwei Ziegel fest. Letztere haben auf der Außenseite Riefen, damit der Bewurf oder Anstrich besser haftet; sie wurden mit einem kammartigen Instrumente (11 cm lang, 7 cm breit) in die Ziegelplatten eingedrückt. Derartige Decken mit Verblendziegeln (Abb. 126, 128) sind erst in der neueren Zeit wieder in Anwendung gekommen.

Bei den Ziegeldächern werden zwei Arten von Ziegeln verwendet, die Flachziegel, tegulae, rechteckig mit an den Langseiten aufgebogenen Rändern, und die Hohlziegel, imbrices, ebenso lang, aber halbrund gebogen und dazu dienend, die Fugen zwischen den Rändern zweier aneinanderstoßender Flachziegel zu bedecken. Letztere haben eine ungefähre Größe von 41 × 31 cm (Abb. 128).

Zu den Schieferdächern wurden meist sechseckige Schieferplatten von etwa 30 cm Breite und Länge gebraucht, an ihrer Kopfseite haben sie ein Loch, durch das der Nagel getrieben wurde. Ihre Dicke ist beträchtlicher als bei den modernen Schiefern (Abb. 128).

Abb. 128. Römisches Ziegeldach und Schieferdach (unten), Deckenbekleidung mit Verblendziegeln und Bewurf (in der Mitte).

Sehr verbreitet war auch das Schindeldach, aus Holzschindeln, scandulae, bestehend, die 50—60 cm lang und 12—15 cm breit mit Nägeln auf die Latten aufgenagelt wurden.

Stein.

Die Tätigkeit der römischen Steinmetzen war auch im Limesgebiet eine sehr ausgedehnte und vielseitige. Die Bearbeitung der mannigfachen Bauglieder an den zahlreichen kleineren und größeren Steinbauten erforderte Geschicklichkeit und Übung. Ihre Tätigkeit beschränkt sich aber nicht bloß hierauf. Zu ihren Aufgaben gehörte auch die Herstellung der vielen Grabsteine und Grabmäler, der Götterbilder, Steinbänke, Tische, Brunnen, Altäre, Mühlsteine, Mörser, Aschenkisten, Sarkophage.

sieht als das des Galliers oder Räters. Dazu kommt, daß sich die provinzialen Bildhauer fast durchweg an gegebene Vorbilder halten und nicht von den gebräuchlichen Typen abweichen (s. Gräber). Es sind eben doch mehr Handwerker als Künstler. Was wir aber an über jene Leistungen hinausgehenden Bildwerken haben, das stammt alles von italischen Künstlern, so die Kaiserbüsten, die großen und kleinen Bronzestatuen der Gottheiten usw.

Während von der Architektur der Römer auf deutschem Boden kaum etwas gallischen oder germanischen Einfluß zeigt, zeigen die erhaltenen Werke der Bildhauerkunst manches, was nicht italischen, sondern gallischen Ursprungs ist. Gallische Steinmetzen sind es, die nicht nur römische Technik sich aneignen, sondern auch in all den Werken der Kleinkunst römische

Abb. 129. Friesplatte (Victoria) von einem Kastelltore (Ladenburg). (Unbeholfene Steinmetzarbeit.)

Freilich finden wir nirgends in der Provinz Künstler ersten Ranges. Immerhin zeigen Werke wie die Mainzer Juppitersäule, deren Verfertiger wir sogar kennen, und manche Reliefs von Neumagen ein tüchtiges Können.

Eines aber tritt bei all den Bildhauern zutage: das Streben, der Wirklichkeit möglichst nahezukommen und nur das zu geben, was sie mit eigenen Augen wahrnehmen, dies aber mit solcher Sorgfalt und Genauigkeit, daß auch Einzelheiten kaum übersehen werden. Diese Treue der Darstellung ermöglicht uns allein, uns ein getreues Bild von vielen Gegenständen zu machen, von denen die Überlieferung oder die Funde nur unzulänglich Auskunft geben. Freilich ist es meistens schon mit dem Können zu Ende, wenn es sich um die Wiedergabe der Porträts der Verstorbenen handelt; selten findet man hier eine sorgsame Wiedergabe des Charakteristischen, und so erklärt es sich, daß das Gesicht des Spaniers oder Afrikaners nicht anders aus-

Vorbilder nachahmen; aber es mischen sich doch in ihre Arbeit heimische Vorstellungen, gallischer Geschmack, der wiederum beeinflußt ist durch das südfranzösische Griechentum. Im klassischen Rom liebte man bei den künstlerischen Darstellungen das Mythologische, Geschichtliche und Symbolische; davon haben wir wenig in den Kunstwerken Germaniens, dafür begegnen wir überall einem gesunden Realismus, einer ungeschminkten, bis ins Kleinste peinlich treuen Darstellung des Wirklichen. Beispiele dafür haben wir zahlreich in den Soldatengrabsteinen, wo Uniform, Waffen usw. bis in die Einzelheiten genau wiedergegeben sind, noch mehr

Abb. 129a. Zinnensteine.

Blümlein, Römisch-Germ. Kulturleben.

Abb. 130. Reliefs von einem Grabdenkmal in Neumagen.
a Frühstück, *b* Toilette der Herrin, *c* Unterricht der Söhne, *d* Pachtzahlung.

aber in den Reliefs der Grabmäler von Igel, Neumagen u. a. Hier gewinnen wir infolgedessen „reizvolle Einblicke in die volle Natürlichkeit der täglichen Arbeit und Lebensgewohnheit", und wir sehen „denselben realistischen Sinn für das Genre, für das schlichte tägliche Leben, dieselbe überquellende Lebendigkeit" wie bei den holländischen Genremalern und Bildhauern wie Meunier.

So erblicken wir auf dem Relief (Abb. 130 d) die bärtigen Gutspächter, die im gallischen Kapuzenmantel zum Zahltisch des Verwalters kommen, um ihre Abgaben zu entrichten. Auf dem Tisch liegen die Verzeichnisse und neben einem Körbchen mit kleineren Münzen ein großer Haufe Kupfermünzen, von denen ein Gehilfe Stück für Stück prüft.

Auf die Mosel führt uns das Relief Abb. 47. Von bärtigen Ruderern wird ein hochbordiges Schiff gerudert, in dem gewaltige Fässer verstaut sind, die wohl Wein enthalten. Bilder vom häuslichen Leben geben andere Darstellungen; so sehen wir (Abb. 130a) an einem Tischchen Frau und Mann in gallischer Tracht das Frühstück einnehmen, das von zwei Dienerinnen aufgetragen wird. Unter dem Tische kommt der treue Haushund hervor. Auf einem andern Bild (Abb. 130 b) sitzt die Hausfrau in einem zierlich geflochtenen Korbsessel; vier Dienerinnen sind um sie beschäftigt, eine macht sich mit der Frisur zu schaffen, eine andere hält den Spiegel vor usf. Ebenso lehrreich ist das Bild des bärtigen Lehrers im Korbstuhl, neben dem zwei seiner Schüler sitzen, die in die Buchrollen blicken. Von rechts ist noch ein dritter eingetreten, der mit der Rechten grüßt, während die Linke eine Art Schultasche mit den Schreibtäfelchen trägt (Abb. 130 c).

In der Kunst der Germanen ist es zu einer Darstellung des Menschenkörpers nicht gekommen; auch ihre Götterbilder müssen nichts Menschenähnliches gehabt haben. Wohl haben wir sog. Gesichtsurnen, auch Gefäße, die Tiere und Menschengestalt nach Art eines Idols wiederzugeben suchen, die Gefäße aus Ton und Metall sind mit schlichten Ornamenten verziert, die aus Punkten, Strichen, Kreisen, Wellen und Zickzacklinien, Dreiecken und Vierecken u. ä. zusammengesetzt sind, aber all das sind erst die ersten Stufen einer Kunstübung, wie wir sie in gleicher Weise bei den meisten Naturvölkern auf niedriger Kulturstufe finden. Von einer eigentlichen Kunst bei den Germanen im höheren Sinne wissen wir nichts.

VI. Bewaffnung.

Schutz- und Trutzwaffen der Römer.

Über die Bewaffnung der römischen Soldaten geben uns in erster Linie die bildlichen Darstellungen auf Grabsteinen, Ehrensäulen u. a. Aufklärung. Dabei zeigt sich, daß sie teils in voller kriegerischer Ausrüstung, teils in leichterem Kostüm, wir würden sagen in der Interimsuniform, dargestellt sind.

Der Legionssoldat, völlig ausgerüstet, trägt Metallhelm mit Wangenschirmen oder Lederhelm, ein wollenes Halstuch, focale, den Lederpanzer mit Schulterklappen, den mit Metallbeschlägen versehenen Gürtel, von dem vorn mit Metall beschlagene Riemen herabhängen, das Wehrgehenk, an dem das Schwert an der rechten Seite hängt, Kniehosen und Lederschuhe. Als Waffen sehen wir Schild, Schwert, Speer und Dolch. Bei leichterem Kostüm fehlt vor allem Lederpanzer und Helm, dagegen sieht man den wollenen Leibrock, tunica, der unter dem Panzer getragen wurde, und den Mantel, sagum oder die mit einer Kapuze versehene Paenula (Abb. 131, 132).

Die Kohortensoldaten sind im wesentlichen den Legionssoldaten gleich ausgestattet, ebenso die Reiter.

Abb. 131. Römischer Legionar auf einem Grabstein in Wiesbaden. C. Val(erius), C(ai) f(ilius), Berta, Menenia(tribu), Crispus, mil(es) leg(ionis) VIII Aug(ustae). an(norum) XL, stip(endiorum) XXI; f(rater) f(aciundum) c(uravit).

Abb. 132. Soldat der 22. Legion mit Schwert und Dolch, Tunica, darüber die Paenula. „In bürgerlicher Auffassung, etwa auf Urlaub gehend." Der Diener zur Linken trägt Schrifttafel und Griffel, der zur Rechten eine über den Rücken gelegte doppelte Packtasche.

Bei Centurionen finden wir auch den Schuppenpanzer, den Helm mit quergestelltem Helmbusch, Beinschienen. Ihr besonderes Kennzeichen ist der Rebstock, vitis (Abb. 183).

Die Hauptangriffswaffe des Fußsoldaten war das Schwert, gladius, und zwar das zweischneidige kurze Schwert, das mehr zum wuchtigen Stoß als zum Hieb geeignet war; als durchschnittliche Länge kann man 65 cm, als Breite 4—6 cm annehmen. Von der mittleren Kaiserzeit an wird es allmählich durch das Langschwert, die Spatha, verdrängt (Abb. 133). Die Schwertscheide war aus Holz, Leder oder dünnerem Metall mit Metallbeschlägen und zeigte als Schutz der Spitze am mittleren Teile das sog. Ortband, dessen unterer Abschluß häufig Schildform hat. Diese Schwertscheiden-

Manche Dolchscheiden haben wie die der Schwerter kunstvoll gearbeitete Ortbänder. Getragen wurde der Dolch auf der linken Seite am Gürtel, cingulum; deren trug der Fußsoldat zwei; er war aus Leder, auf der Vorderseite mit Gürtelbeschlagplatten von rund 3 cm Breite besetzt und durch eine Schnalle verschlossen (Abb. 134).

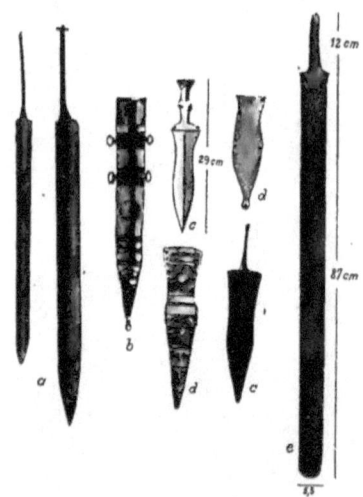

Abb. 133. Römische Waffen: *a* Kurzschwert Gladius, *b* Scheide, *c* Dolch, *d* Scheide, *e* Langschwert.

beschläge aus Bronze weisen oft kunstvolle, mit der Säge hergestellte durchbrochene Ornamente auf. Der die sog. Angel umschließende gerade Griff bestand aus Holz, Horn oder Bein, oft mit Lederumhüllung; ein Knopf oder Kugelknauf schließt ihn ab.

Abb. 134. Gürtelbeschlag (Rheingönnheim).

Der Dolch, pugio, kommt vornehmlich in zwei Formen vor; die eine zeigt eine schilfblattähnliche Klinge, sehr breit, geschweift und nach unten spitz zulaufend. Der Griff ist dem des Kurzschwertes ähnlich. Die Scheide besteht aus zwei Eisenschalen, die sich platt an die Vorder- und Rückseite der Griffzunge anschließen. Die Schalen sind durch Nieten, deren Köpfe mit kleinen Bronzescheibchen unterlegt sind, verbunden.

Eine zweite Art der Dolche zeigt eine vierseitig geschliffene, lange, dünne und sehr spitz zulaufende Klinge.

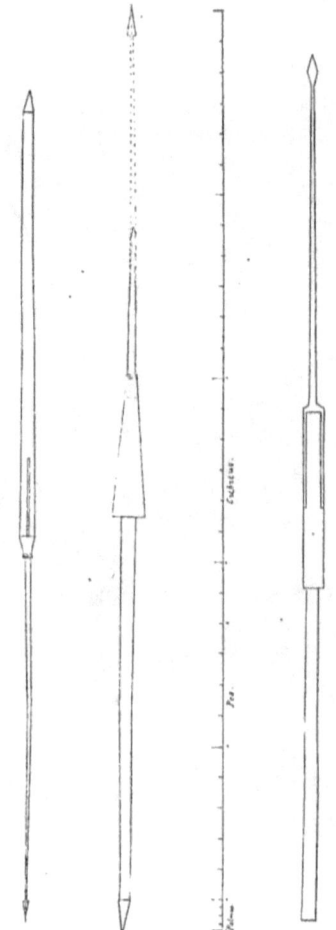

Abb. 135. Die römische Wurflanze, Pilum.

Am Gürtel hängt der Schurz, der aus gewöhnlich 6 mit Metallplättchen oder Nägeln beschlagenen Lederriemen besteht. Am Gürtel hängt auch Schwert und Dolch; ersteres ist manchmal, wie das Langschwert der Reiterei, am Wehrgehenk befestigt.

Das Pilum zeigt in Länge und Form große Verschiedenheiten; charakteristisch für es ist, daß mit einem

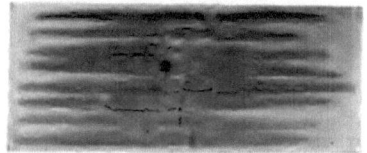

Abb. 136. Sog. Mauerpilen.

schweren, etwa meterlangen Holzschaft ein fast ebenso langes Speereisen durch eine Zwinge verbunden ist, das eine kegelförmige oder vierkantige Spitze hat (Abb. 135, 148, 150).

Die einfache Lanze, hasta, ist vorwiegend Waffe der Auxiliartruppen, die gewöhnlich zwei trugen; sie besteht aus einem glatten runden Schaft und dem Lanzenblatt, das nicht immer die gleiche Form hat. Auch der Reiter führt die Lanze (Abb. 146 und 147).

Bestimmte Truppenabteilungen führen Bogen und Pfeile bzw. Schleudern und die dazu gehörigen Geschosse, die einer länglichen Nuß gleichenden Schleuderbleie (Abb. 138). Auch die Armbrust, arcuballista, kommt vor (Abb. 139).

Der Helm, cassis, besteht aus der sog. Haube, die vorn den Stirnschild, hinten den Nackenschirm hat, die Backen werden durch die in Scharnieren hängenden Wangenschirme geschützt (Abb. 140).

Der Schuppenpanzer, lorica squamata, ist aus Metallplättchen gebildet, die mit Drahtstückchen aneinandergefügt sind; letztere sind durch je zwei Paare der Löcher hindurchgesteckt und auf der Rückseite hakenförmig zusammengebogen. Die größeren Löcher dienten zum Aufnähen der Plättchen auf ein mit Stroh gefülltes Leinwandpolster oder Lederfutter (Abb. 141, 143).

Der Ringpanzer, lorica hamata, besteht aus feinen eisernen Ringen, die gleich groß und vernietet sind, oder er zeigt „in reihenweiser Abwechslung geschweißte und genietete Panzerringe" (Abb. 144).

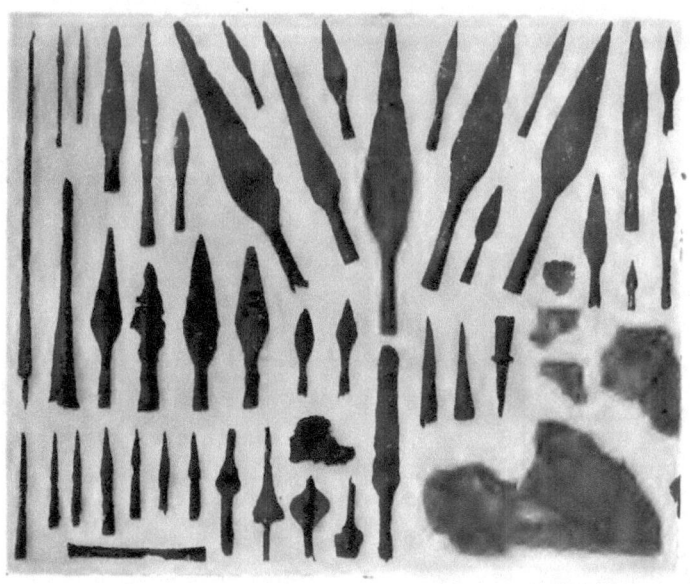

Abb. 137. Römische Speer- und Pfeilspitzen.

Weit gebräuchlicher als dieser war der Schienenpanzer, der aus einem kurzärmeligen Lederrock mit 5—7 aufgenieteten schmalen, 5—7 cm breiten und 2 mm dicken Eisenstreifen besteht; diese, hufeisenförmig

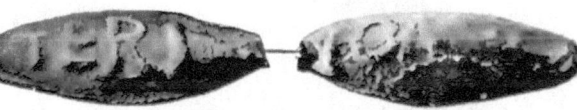

Abb. 138. Römische Schleuderkugeln aus Blei.

gebogen, sind auf dem Rücken mit einem Scharnierbeschläge verbunden und werden vorn auf der Brust durch Schnallen und Haken zusammengeschlossen, so daß die Schienen den Körper korsettartig umschließen. Auch die Schultern sind durch 3—5 hufeisenförmig gebogene Eisenblechschienen von gleicher Höhe und

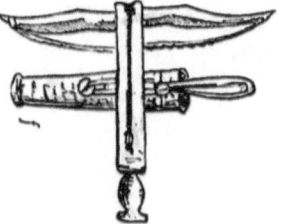

Abb. 139. [Armbrust und Köcher (von einem Grabmal zu Puy).

Dicke geschützt, die Brust ist durch 2 Eisenstreifen gedeckt. Die Haken an den Schienenenden auf der

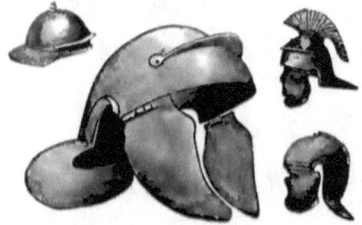

Abb. 140. Römische Helme.

Brust wurden meist durch eine Schnur verschnürt (Abb. 143, 145, 151).

Abb. 141. Stück eines Schuppenpanzers.

Von dem Drahtpanzer zeigt Abb. 142, 143b das Geflecht aus Eisendraht.

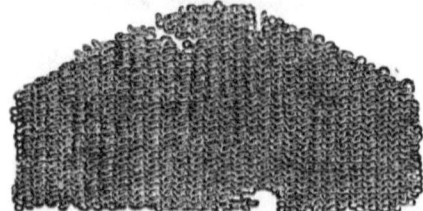

Abb. 142. Stück eines Drahtpanzers.

Einen oft reich mit bildlichen Darstellungen versehenen Bronzepanzer trugen die Kaiser und höheren Offiziere.

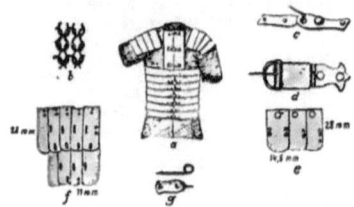

Abb. 143. Römische Panzer.
a Schienenpanzer (n. Groller), b Drahtpanzer, c d Verschlüsse am Schienenpanzer, e f Plättchen vom Plattenpanzer, g Schnürhaken vom Schienenpanzer.

Der Schild des Fußsoldaten, scutum, hat rechteckige Form und ist nach innen gebogen; das eigentliche Gestell besteht aus Holz, das mit Leder überzogen ist. Um den Rand geht ein Metallrand. Zum Fassen diente auf der Innenseite eine eiserne Handhabe, ansa, der auf der Außenseite der sie schützende metallene Schildbuckel, umbo, entsprach (Abb. 148—149).

Die Reiterei bediente sich des kleineren und leichteren ovalen Schildes. Außer den Waffen mußte der Soldat auch noch mancherlei andere Geräte, je nach Bedarf, schleppen, so Schanzpfähle, Hacken, Sägen, Spaten, Beile u. ä., dazu den Mundvorrat. Die Pioniere führten besondere Geräte mit sich (Abb. 152).

Abb. 144. Römischer Krieger im Ringpanzer, einen Germanen niederstoßend. (Trajanssäule.)

Über die Ernährung der Legionssoldaten mag noch folgendes bemerkt werden. Der Soldat bekam (nach

Abb. 145. Schienenpanzer.

Stolle) für den Tag ungefähr 1 l Weizen, ferner regelmäßig Speck oder Hammelfleisch, ein Stück Käse und Salz, gewöhnlich aber kein Gemüse, auch keine Hülsenfrüchte. Regelmäßig erhielt er etwa einen Schoppen Wein oder eine Essigration, um das entsprechende Quantum Soldatenlimonade (posca) zu bereiten. Das Gewicht des Mundvorrats für 16 Tage war 14,4 kg. Nimmt man hierzu etwa 15 kg für Ausrüstung, 5½ kg für Tornister und Geschirr, 6½ kg für Werkzeuge, so erhält man ein Gewicht von rund 41 kg, d. i. 13 kg mehr als das Gepäck des deutschen Soldaten. Der sog. Mulus Marianus, mittels dessen der Soldat sein Gepäck trug, ist nicht

schem Holz. Diese Arme stecken in den sog. Spannervenbündeln, mehrfach zusammengedrehten Strängen aus Tiersehnen oder Roßhaar, die in einem rechteckigen eisernen Rahmen fest eingespannt sind. Es gibt nun Geschütze mit einem Arm und mit zweien.

Abb. 146. Römische Reiterei (Trajanssäule).

Abb. 147. Grabstein eines röm. Reiters (Wiesbaden).

etwa eine über der Schulter liegende Stange, sondern ein Tornister, bestehend aus zwei Holzgabeln und einem dazwischengeklemmten Brett.

Die römischen Geschütze, tormenta, gleichen äußerlich der Armbrust, das Prinzip aber, auf dem sie beruhen, ist ein anderes. Bei jener liegt die spannende Kraft in erster Linie in den Bügeln, die meist aus Metallfedern sind und angezogen, der Sehne den Schwung und die Kraft geben, das Geschoß fortzuschnellen. Bei den Tormenta sind die Bügel oder Arme aus starrem, unelasti-

Das Prinzip der ersteren wird klar, wenn man sich der Nußschale erinnert, die die Kinder an den Längsseiten durchbohren. Zieht man nun durch die Löcher eine doppelte dünne Schnur oder Sehne und steckt dann ein Hölzchen mit seinem unteren Drittel in die Mitte dieser Schnur und dreht es so oft herum, bis eine starke Verdrehung (Torsion) und damit eine gehörige Spannung der Schnur zustande kommt, so wird das Hölzchen, wenn man es zurückbiegt und plötzlich losläßt, mit ziemlicher Gewalt vorwärts geschlagen und ein Stein-

Abb. 148. Trophäe aus röm. Waffen (Schilde, Pilen, unten Lederkoller mit Ehrenzeichen).

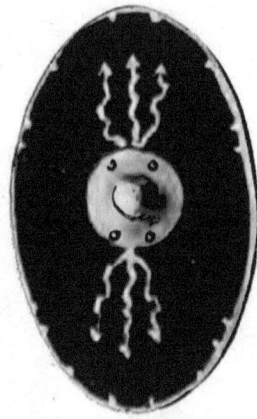
Abb. 149. Röm. Schild (Mainz).

Abb. 150. Legionssoldat in voller Ausrüstung.

chen, das man auf das längere Ende gelegt hat, im Bogen fortschnellen. Nun denke man sich statt der Nußschale einen schlittenartigen Unterbau (Abb. 156F), zwischen dessen Kufenbalken ein Bündel aus Tiersehnen oder Roßhaaren A eingespannt ist. In der Mitte dieses Spannervenbündels steckt ein löffelartiger Schleuderarm aus Holz B. Ziehe ich ihn vermittelst einer Winde E zurück, so wird er, plötzlich losgelassen, nach vorwärts schlagen und den Stein oder die Kugel, die am Ende des Holzarmes D liegt, ebenfalls nach vorn schleudern. Um das Aufschlagen des Bogenarms auf den Boden zu verhüten, ist vor ihm ein Widerlager aus Holz angebracht, das ihn mitten im Schwung aufhält (C). Ein solches einarmiges Geschütz heißt Onager; es diente zum Schleudern schwerer Geschosse. Der von Schramm rekonstruierte Onager schleuderte eine vierpfündige Kugel 300 m weit; doch wird aus dem Altertum von weit bedeutenderen Wurfleistungen berichtet, jedenfalls übertraf (nach Schneider) die Schußwirkung der Torsionsgeschütze tatsächlich die der Pulvergeschütze ums Jahr 1600.

Abb. 151. Legionar im Schienenpanzer (London).

Zwei Sehnenbündel und zwei Schleuderarme hat das Geschütz (Abb. 154 u. 155), das, leichter als der Onager, auch auf Rädern von Pferden gezogen, fortgeschafft werden konnte; es schleuderte pfeilähnliche Speere, aber auch Steine wie der Onager; letztere, von verschiedener Größe und Gestalt, werden häufig gefunden (Abb. 157). Die Enden der Schleuderarme B waren durch eine dicke Sehne oder ein Lederband F verbunden, das mit jenen Armen zugleich zurückgezogen, beim Loslassen das vor ihm liegende Geschoß auf dem sog. Laufbrett C nach vorne riß. Die schwereren Geschütze dieser Art hießen Palintonon, die leichteren Euthytonon.

Abb. 152. Pioniergeräte.
1 Faschinenmesser mit metallbeschlagener Lederhülle, 2 Axt, 3 Pionierbeil mit aufklappbaren Metallbügeln um die Lederhülle der Scheide, 4 Gerät zum Ausstechen von Rasenstücken (Mainz).

Ein solches von Schramm erbautes Geschütz hatte mit einer einpfündigen Kugel eine Schußweite von 300 m.

Abb. 154 zeigt einen Mehrlader, Polybolon; hier ist ein über der Laufschiene liegender Trichter mit Pfeilen

Abb. 153. Geschütz zum Angriff vorfahrend (Trajanssäule).

gefüllt, von denen beim Zurückziehen der Sehne jedesmal einer vor diese fällt und abgeschossen werden kann.

Bei den zweiarmigen Geschützen ruht der Oberbau auf dem sog. Korbe, der es ermöglicht, ihn samt der

Abb. 154. Zweiarmiges Geschütz (Saalburg).

Abb. 155. Zweiarmiges Geschütz (Saalburg). (Mehrlader.)

Geschoßrinne höher oder tiefer zu stellen, ebenso kann der Korb auf seinem Untergestell nach links oder rechts gerichtet werden.

Abb. 156. Einarmiges Geschütz (Saalburg).

Germanische Waffen.

Die Hauptwaffe der Germanen in der Kaiserzeit ist die Lanze, die Fußsoldaten wie Reiter führten. Wurflanzen werden von den vordersten Gliedern geschleudert, die Masse bricht mit gefällter Stoßlanze in die Reihen der Gegner ein. Was die Form betrifft, so behält die Lanze die der Bronzezeit bei, teils werden keltische Lanzenformen eingeführt (Abb. 159).

Abb. 157. Geschützkugeln aus Straßburg (n. Forrer), auf einer IVA.

Bei den ersteren sind zwei Formen vorherrschend: solche, wo die Ränder des Speerblattes in einem schwachen Bogen gleichmäßig verlaufen, und solche, wo das Blatt nach dem Schaft hin sich plötzlich verbreitert. Bei den

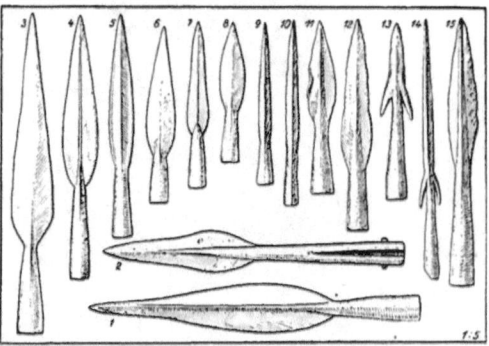

Abb. 158. Germanische Framea.

keltischen Formen wird das Blatt dünner und breiter, und die früher starke Mittelrippe verschwindet oder bleibt nur als schwacher Grat.

Speerspitzen mit Widerhaken sind selten, sie sind wohl vom römischen Pilum beeinflußt.

Tacitus nennt die für Wurf und Stoß verwendete germanische Lanze Framea (Abb. 158).

Abb. 159. Germanische Speerspitzen.

Das Schwert (Abb. 160), das wohl die meisten Germanen neben der Lanze führten, war etwa bis zur Kaiserzeit ein zweischneidiges Langschwert von 90—100 cm Länge und 4—7 cm Breite. Vom Griffansatz an, wo es am breitesten wird, ist es nach der Spitze zu fast unmerklich schmäler, die dreieckig oder spitzbogig gestaltet ist. Diese Form diente mehr zum Hieb als zum Stoß. Der Griff hat gewöhnlich eine Länge von 14,5 cm, ist aus Eisen, das mit Holz, Leder u. ä. umgeben war.

mit horizontalen scharfen Kanten, eine ältere Schwertform zeigt d. Auch die Messer (a) werden wohl oft im Kampfe verwendet worden sein, ebenso die aus der Kaiserzeit bekannte Hiebaxt, die vielleicht das Vorbild der fränkischen Wurfaxt gewesen ist.

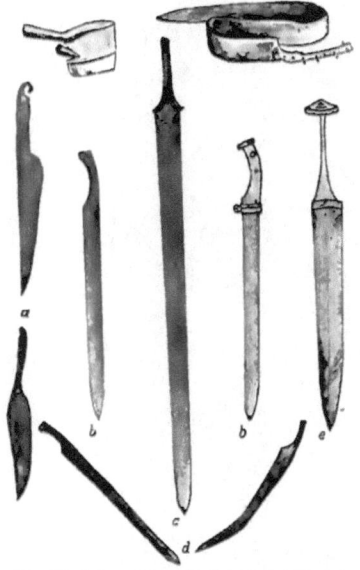

Abb. 160. Germanische Schwerter und Messer.

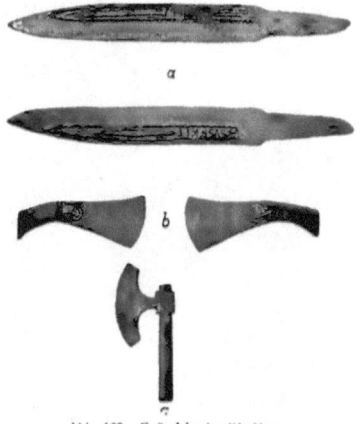

Abb. 162. Fränkische Waffen.
a Scramasax, b Wurfbeil, c Kampfbeil (n. Rathgen).

Geborgen war das Schwert in einer Scheide, die meist aus Metall war und mittels Ringen und Riemen oder Ketten befestigt war. In der Kaiserzeit wird dieses zweischneidige lange Hiebschwert durch das

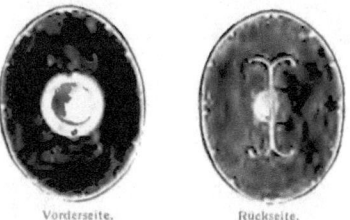

Vorderseite. Rückseite.
Abb. 163. Schild der Suebi Nicretes, gef. bei Freudenheim. Größe 56×42, aus Holz mit Lederüberzug und Metallrand.

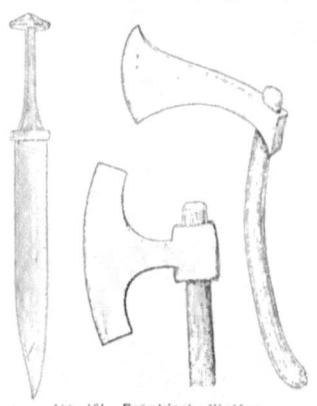

Abb. 161. Fränkische Waffen.
Scramasax, Kampfbeil, Wurfbeil (Francisca).

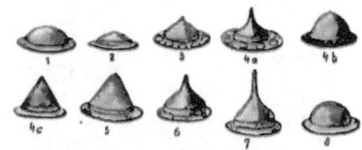

Abb. 164. Formenentwicklung des germ. Schildbuckels (n. Jahn).

In der älteren Zeit hat es einen Griffansatz in Glockenform (c) oder mit bogenförmiger Schweifung; der nach oben verjüngte Griffdorn ist rechteckig. Das Langschwert der römischen Epoche hat flachen Griffansatz

kurze Stoßschwert nach dem Vorbild des römischen Gladius verdrängt, das im Handgemenge eine brauchbarere Waffe als jenes war. Die Länge beträgt meist 60—65 cm, die Breite 4—4,5 cm. Die Scheide besteht

Abb. 165. Germanen mit Bogen bewaffnet beim Angriff auf ein römisches Lager (Trajanssäule).

Abb. 166. Germane (St. Petersburg).

Abb. 167. Germanin (London).

aus Holz und wird an Tragösen aufgehängt. Die Scheidenspitze hat gewöhnlich ein Ortband aus Metall.

Daneben kommen einschneidige Schwerter vor, schmaler und schmalspitzig. Der Griff ist wie dort 8 bis 12 cm lang. Charakteristisch für die Franken ist das einschneidige Kurzschwert, der Scramasax, das „ebenso wie für den häuslichen Gebrauch auch als Buschmesser und ferner gleichzeitig als Streitwaffe diente. Es wurde an einem Wehrgehenk über der Schulter getragen". Weitere fränkische Waffen sind Streitaxt und Wurfbeil, Franciska, zu nennen (Abb. 161, 162). Letztere kann als die nationale Waffe der Franken vom 5. bis 8. Jahrhundert bezeichnet werden; sie ist „ein Wurfbeil von charakteristischer Form. Sie besteht aus einer eisernen Klinge, die vom Axthelm zu einer leichtgeschwungenen Spitze aufwärts steigt, die ziemlich kurze Klinge ist leicht gewölbt und meist nach hinten geneigt, so daß die obere Spitze weiter vorsteht."

Bogen und Pfeile, die zur Bronzezeit in Gebrauch waren, erscheinen erst im 3. Jahrhundert n. Chr. wieder zahlreicher. Jedenfalls wurden sie als Jagdwaffen dauernd verwendet; auf der Antoninsäule und dem Tiberiuscameo sehen wir germanische Bogen abgebildet (Abb. 165).

Bei dem germanischen Schild ist in einer aus mehreren Brettern zusammengesetzten Holzplatte ein Mittelloch ausgespart, welches ein eiserner Schildbuckel überdacht. Unter dem Buckel, auf der Rückseite des Schildes, ist ein hölzerner Schildgriff befestigt, der von einem metallenen Beschlag, der Schildfessel, bedeckt wird (Abb. 163). Den Rand des Schildes umsäumt mehrmals ein eiserner oder bronzener Randbeschlag (Jahn). Die Form ist kreisrund, oval, auch eckig. Die Stärke des Holzes ist auffallend gering, was sich daraus erklärt, daß er nur dazu benutzt wurde, dem geschwungenen Schwert und der geschleuderten Lanze entgegengestoßen zu werden, um sie durch geschicktes Parieren abzulenken. Der Durchmesser ist 60 bis 110 cm. Als Schutz-

Abb. 168. Siegeszeichen von germ. Waffen (Trajanssäule).

Abb. 169. Fränkischer Krieger.

waffe von mehr passivem Charakter war der schwere römische Schild dem leichten und dünnen germanischen wesentlich überlegen. Die Außenseite der Holzschilde, die nur in den seltensten Fällen einen Lederüberzug hatten, war oft bemalt, und es ist wahrscheinlich, daß die verschiedenen Völkerschaften ihren Schilden einen besonderen Anstrich gaben.

Die Formen des Schildbuckels sind mannigfaltig. Von den Galliern übernahmen die Germanen wohl zuerst den bandförmigen, 10 cm breiten Eisenstreif, in der Mitte aufgewölbt und mit den flachen Enden auf die Innenseite des Holzschildes aufgenagelt. Dann kommt die runde, helmartige römische Form auf, die später in eine Spitze ausgeht (Abb. 164).

Die Verwendung des Helms läßt sich bei den Germanen nur in vereinzelten Fällen nachweisen. Dieser gewichtige Kopfschutz widersprach ebenso wie die Belastung des Körpers durch den Panzer der Kampfesweise dieses Volkes, das „den Hauptwert auf möglichste Ungehindertheit, Beweglichkeit und Leichtigkeit im Kampfe" legte.

Nicht weniger selten als der Helm erscheint bei den Germanen der Panzer, gewöhnlich der Ringpanzer. Er war wohl auf Führer und Fürsten beschränkt. Für die Menge war solche schwer herzustellende Wehr weder zu beschaffen noch bei der Art des Kampfes vorteilhaft. „Der Vergleich zwischen dem schwergepanzerten Römer und dem ungeschützten Germanen stellt gleichzeitig zwei Hauptcharakterzüge der beiden Völker gegenüber, ein Vergleich, bei dem der offene, auf seine Tüchtigkeit vertrauende, wagemutige Germane wahrlich nicht schlecht abschneidet" (Jahn).

Auch die Germanen hatten Feldzeichen, so die Bilder von den den Göttern geheiligten Tieren, z. B. dem Eber Freyas, dem Wolf Wodans u. ä., vielleicht auch die Attribute der Götter, wie den Hammer Thunars, den Speer Wodans. Abbildungen solcher Feldzeichen sehen wir Abb. 167, 168.

In der fränkischen Zeit sind die heidnischen Feldzeichen verschwunden, und das königliche Banner sowie Fahnen für einzelne Heeresabteilungen treten an deren Stelle.

Abb. 170. Germanen auf der Flucht (Trajanssäule).

Abb. 171. Germane (Swebe) von der Trajanssäule.

Abb. 172. Barbarin. Gallierin oder Germanin, Florenz.

Von einer einheitlichen Tracht der Germanen kann nicht geredet werden; sie war einerseits nach den verschiedenen Völkerschaften verschieden, anderseits wechselte sie mit der Zeit und unter dem Einfluß der römischen Kleidung. Hergestellt wurde die Bekleidung aus Fellen, Wolle und Leinen. Kleider aus Pelz wurden vorwiegend im Winter getragen, während in der wärmeren Jahreszeit der Oberkörper überhaupt unbedeckt blieb. Der gemeine Mann trug ständig Hosen, der vornehme daneben Hemd und Rock (Abb. 171). Jedenfalls zeigen die in den Mooren gefundenen Leichen als Bekleidung des Mannes Hosen aus Wollstoff, ärmellosen Rock, Mantel und Mütze aus Wolle, dazu Schuhe; als Frauenkleider finden sich Unterkleid und ärmelloser Rock aus Wollstoff (Abb. 188). Nach den Berichten der Schriftsteller und den Abbildungen auf den Denkmälern lassen sich folgende Hauptbestandteile der Kleidung unterscheiden:

1. Der Mantel, den Männer wie Frauen trugen, ein viereckiges, seltener ovales Tuch (oder Fell) bis unter die Knie reichend, auf der rechten Schulter durch eine Fibel zusammengehalten. Oft besteht er auch aus einem viereckigen Tuch, das in der Mitte einen Ausschnitt zum Durchstecken des Kopfes hat. Bisweilen ist eine kappenartige Kapuze an dem Mantel befestigt.

2. Das rockähnliche Untergewand ohne Ärmel, bei den Frauen länger, oft hochgegürtet und mit Ärmeln versehen. Es wird aus Wolle wie aus Leinwand hergestellt. Letztere, von alters her von den Frauen gesponnen und gewebt, findet überhaupt bei der Kleidung für beiderlei Geschlechter mannigfache Verwendung.

3. Die Hose, sie ist teils Kniehose, in diesem Fall wurde das Bein vom Knie abwärts mit Binden nach Art unserer Wickelgamaschen umwunden, teils Langhose, die ziemlich faltig bis zu den Knöcheln geht und dort zusammengebunden ist (Abb. 170, 173). Auch Frauen finden wir mit solchen Beinkleidern.

Als weiteres Kleidungsstück kommt bei den Frauen noch ein schleierähnliches Umhängetuch vor.

Das Hemd ist römischen Ursprungs. Aus Wolle oder Linnen, wurde es unter der Tunica getragen und des Nachts abgelegt, da man sich unbekleidet zu Bett legte.

Statt der Strümpfe trug man an der Hose oft eine kappenartige Fortsetzung für den Fuß, oder man umwand letzteren mit Binden.

Ein Gürtel hielt Rock und Hose über den Hüften fest.

Als Fußbekleidung verwendete man Sandalen, aus Sohlen mit Riemen zum Festhalten bestehend, oder ein den Fuß umfassendes Stück Leder, das oben mit Riemen zusammengehalten wurde; manchmal ist das Oberleder gitterartig durchbrochen. Leichtere Fußbekleidung, wie die niederen Schuhe, ist auf römischen Einfluß zurückzuführen. Natürlich ging man auch viel barfuß.

Das Haar wallte bei den einen Stämmen frei herab, bei andern war es auf dem Scheitel in einen Knoten zusammengebunden. Der Römer trug das Haar kurz geschnitten, und so nahmen viele Germanen, von dieser Mode beeinflußt, diese Haartracht an, nur fürstliche Personen scheinen die langen Haare beibehalten zu haben.

Die Frau trug das Haar teils lang mit einem Scheitel in der Mitte, teils geflochten; es wurde durch Nadeln zusammengehalten.

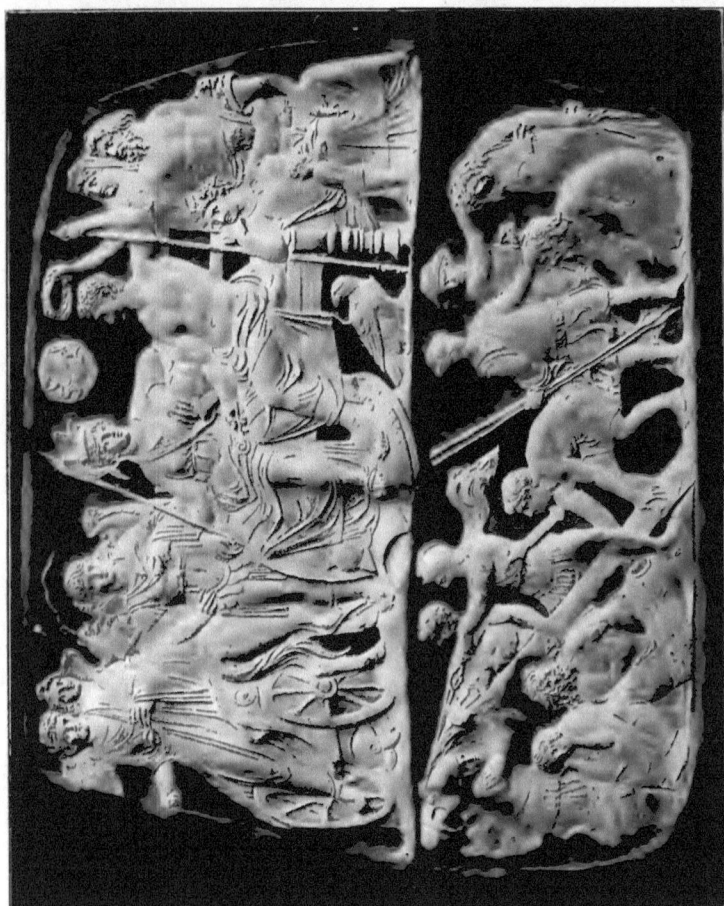

Abb. 173. Gemma Augustea in Wien (⅔ der natürlichen Größe). — In der oberen Reihe „die drei, auf denen das gegenwärtige und künftige Heil der Welt beruhen sollte", Augustus, Tiberius und Germanikus. — Augustus neben Roma als Juppiter thronend, zwischen ihnen ein Steinbock, das Geburtsgestirn des Augustus. Der Kaiser wird bekränzt von der Erdgottin Okumene (Οἰκουμένη), von ihr Gottheiten des Meeres und der Erde. Vom Triumphwagen, den Viktoria führt, herabsteigend Tiberius, zur Seite Germanikus. Der pannonische Triumph wird gefeiert (12. n. Chr.). In der unteren Reihe besiegte Barbaren, Errichtung eines Tropäums, Fortführung und Mißhandlung von Gefangenen. — Unser Cameo — so heißt ein erhaben geschnittener Stein — ist ein Onyx mit einer helleren und dunklen Lage, die untere dunkle gibt den Hintergrund für die aus der oberen geschnittenen Figuren.

Was den Römern, den kleinen Südländern, zunächst bei den Germanen auffiel, war deren Größe. Bei den römischen Schilderungen muß man bedenken, daß einmal unter der kriegerischen Jugend, die den Römern gegenüberstand, sich natürlich nur auserlesene große und kräftige Leute befanden; sodann übertrieben die römischen Berichterstatter jene Größe, um die

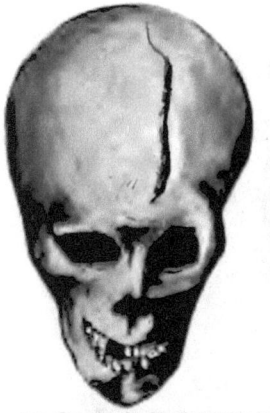

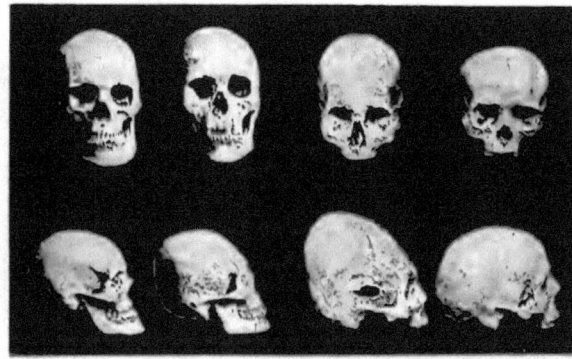

Abb. 173a. Schädel eines Germanen mit einem wieder ausgeheilten Schwerthieb (Mannheim).

Abb. 174. Schädeltypen der gemischten Bevölkerung Straßburgs. (Nach Forrer, Das röm. Straßburg.)

Tapferkeit der kleineren Landsleute in ein helleres Licht zu stellen. Denn die vielen Hunderte von Skeletten, die auf germanischen Friedhöfen ausgegraben worden sind, zeigen, daß die Maße sowohl der großen wie der mittleren Skelette kaum einen Unterschied von denen der heutigen Deutschen erkennen lassen.

Als weitere Kennzeichen der Germanen werden blaue Augen, rötliches Haar, weiße Hautfarbe erwähnt. Diese dürftigen Nachrichten verhelfen ebensowenig zu einer klaren Vorstellung wie die Darstellung der Germanen in der antiken Kunst. Wohl haben wir eine ganze Reihe von Germanenbildern, aber mehr als ein gewisser Rassetypus, die eigentümliche Haartracht einzelner Stämme, das Charakteristische der Kleidung ist auch ihnen nicht für das Aussehen unserer Vorfahren zu entnehmen. Von der Mischbevölkerung in den Grenzgebieten geben die Schädel (Abb. 174) ein deutliches Bild.

Feldzeichen.

Die Feldzeichen dienten nicht nur als Stütz- und Sammelpunkt der Soldaten, sondern auch, um gewisse Kommandos zur Aufstellung und Bewegung der Truppen zu geben. Das geht aus den militärischen Kommandos hervor, wie „die Feldzeichen aufheben" = aufbrechen, „die Feldzeichen hinstellen" = halt machen, „die Feldzeichen wenden" = kehrt machen.

Von Feldzeichen führte die Legion, ein Truppenkörper von 6000 Mann, den Adler. Er war aus Metall, vergoldet, der Adler mit gespreizten Flügeln dargestellt, in den Fängen ein Blitzbündel, das gewöhnlich auf einem meist viereckigen Postament ruht. An dessen Unterseite in einer Röhre steckt der Schaft, der unten einen zugespitzten Metallschuh hat, mit dem er in die Erde gesteckt wurde; oft hat der Schaft auch einen Griff, um das Feldzeichen aus der Erde herauszuziehen (Abb. 179c). Neben dem Adler aber hatte die Legion bzw. einzelne ihrer Abteilungen bestimmte Feldzeichen, signa.

Ein solches besteht ebenfalls aus Metallschuh und Schaft mit Griff. Der Schaft ist mit untereinander befestigten Metallscheiben geschmückt, oben trägt die Stange ein Querholz mit Ösen, von denen je ein Band oder Riemen herabhing, der am Ende ein Efeublatt trug. Über dem Querbalken ragt die Spitze hervor, die oft von einem Kranz umgeben ist und bisweilen auch bestimmte Zeichen, z. B. eine ausgestreckte Hand oder Tierbilder aufweist (Abb. 158, 161, 176). Von 32 Legionen kennen wir solche Feldzeichen, wieviel die einzelne Legion führte, steht nicht fest. Was die Tierbilder betrifft, so führen 11 den Stier, 9 den Capricorn (einen Ziegenbock mit Fischschwanz, Abb. 182), 6 den Löwen, wieder andere den Eber, Wolf usw. Sicherlich trug das Feldzeichen auch eine Tafel, auf der Name, Zahl und Beiname des Truppenteils angegeben war.

Abb. 175. Feldzeichen und Träger.

Es scheint, daß die am Schaft angebrachten phaleräähnlichen Scheiben den Truppenteilen einzeln verliehen wurden, woraus sich deren verschiedene Anzahl erklärt, ebenso auch die Kränze und die Fahne.

Als drittes Feldzeichen kommt das Vexillum, die Fahne, in Betracht. Es scheint, daß es in erster Linie der Reiterei zukam, und es ist nicht unwahrscheinlich, daß jede Turma, ein Reitergeschwader, ein solches führte. Es besteht aus einem Schaft, der oben ein Querholz hat; an diesem ist ein quadratisches Stück Tuch befestigt, das unten mit Fransen besetzt ist. Auf dem Tuche steht die

Abb. 176. Römische Feldzeichen (Trajanssäule).

Abb. 177. Röm. Feldzeichen, Krieger im Schienenpanzer (Marcussäule).

Abb. 178. Feldzeichen der Reiterei (Trajanssäule).

Truppenbezeichnung. An den Enden des Querholzes erscheint oft an einer Öse wiederum ein Riemen mit einem Efeublatt aus Metall (Abb. 179 a). Andere halten dieses Vexillum für das Zeichen einer Ala, eines Reiterregiments (Abb. 178).

Aus diesem Vexillum entwickelt sich das Labarum, die kaiserliche Standarte, welche die Bucellarii, eine

Abb. 181. Silberscheibe von einem Signum, ursprünglich zum Teil vergoldet, der coh. VII Raetorum aus dem Limeskastell Niederbiber bei Neuwied.
In getriebener Arbeit zeigt sie einen römischen Feldherrn bzw. den Kaiser, welcher mit Panzer, Schwert und Lanze gerüstet auf germanischen Beutewaffen steht und den einen Fuß auf einen nackten germanischen Gefangenen setzt, dessen Arme offenbar auf dem Rücken zusammengebunden sind.

Abb. 179. Römische Feldzeichen.

Eliteabteilung der kaiserlichen Garde zu Pferd, dem Herrscher vorantrugen. Es war geschmückt mit dem Monogramm Christi.

Ähnlichkeit mit den Legionszeichen hatten die Feldzeichen, welche die Prätorianer, die kaiserliche Leibwache, trugen.

Seit Trajan haben die Auxiliarkohorten als Feldzeichen den draco, eine aus buntem Seidenzeug gefertigte Schlangengestalt mit silbernem, gähnendem Rachen.

Abb. 182. Capricorn (Bronze) von einem Feldzeichen der 22. Legion (gef. Platte bei Wiesbaden).

Militärische Ehrenzeichen.

Die militärischen Auszeichnungen, dona militaria, wurden verliehen für ausgezeichnete Waffentaten zu Wasser und zu Lande.

Jeder Bürger konnte die Corona civica, den Bürgerkranz erlangen, wenn er einem anderen Bürger in der Schlacht das Leben gerettet. Sie bestand ursprünglich aus einem Kranz von Blättern der immergrünen Steineiche, später aus Eichenzweigen, auch aus Gold. Höhere Auszeichnungen waren die Corona obsidialis für Errettung einer größeren Anzahl von Bürgern z. B. aus einer belagerten Stadt, c. navalis für Vernichtung einer feind-

Abb. 180. Feldzeichen (im Sacellum der Saalburg).

Abb. 183. Grabstein des Marcus Caelius.
Gefunden in Xanten, jetzt in Bonn. Caelius fiel in der Varusschlacht. Er ist im vollen Schmuck seiner Orden (phalerae) und sonstigen Ehrenzeichen (torques, armillae, corona civica auf dem Haupt) dargestellt. In der Rechten hält er den Centurionenstab (vitis), in der Linken das Sagum. Neben ihm seine beiden Freigelassenen.

M(arco) Caelio, T(iti) f(ilio), Lem(onia tribu), Bon(onia), centurio leg(ionis) XIIX, ann(orum) 53½, occidit bello Variano; ossa inferre licebit. P(ublius) Caelius T. f Lem. frater fecit.

unseren Medaillen ähnlich, mehr für die unteren Klassen des Soldatenstandes. Es sind runde Metallscheiben mit oder ohne figürliche Darstellungen. Sie werden stets in der Mehrzahl vergeben, immer in ungerader Zahl, oft 9 bis 12, und auf Lederriemen, ähnlich den Hosenträgern, getragen (Abb. 183, 185).

Eine andere Ordensklasse sind die Halsringe, torques, stets mit den Phalerae und Armillae zusammen verliehen und meist in der Mehrzahl. Die Armillae sind Armringe, an der Handwurzel getragen (Abb. 183). Abb. 185 oben zeigt Phalerae und darüber 2 Torques. Vielleicht gehören zu den militärischen Ehrenzeichen auch Medaillons, wie Abb. 184 eines zeigt.

Abb. 185. Römisches Phalerae.

Musikinstrumente.

Die Trompete des römischen Heeres diente in erster Linie dazu, Kommandos zu übermitteln. Sie kommt in verschiedenen Formen vor. Die erste, Tuba, ist eine lange gerade Röhre von etwa 120 cm Länge, nach dem Mundstück zu, das aus Horn oder Knochen war, schmaler zulaufend, nach dem Ende zu sich ziemlich erweiternd (Abb. 186b, 187).

lichen Flotte, c. muralis für den, der als erster die Mauer einer eroberten Stadt erstieg, c. vallaris für Erstürmung einer Feldbefestigung.

Andere Auszeichnungen bestanden in der Ehrenlanze, hasta pura, in der Kaiserzeit nur für höhere Offiziere, vexillum, Ehrenfahne, ferner phalerae,

Abb. 184. Medaillon des älteren Drusus (?) aus Rheingönnheim (Speier).

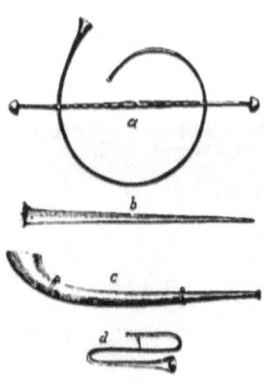

Abb. 186. Römische Trompeten.
a Cornu, b Tuba, c Lituus, d Bucina.

Etwas anders ist die zweite Form, der Lituus (Abb. 186c); auch hier haben wir eine lange gerade Röhre, aber am Ende ist sie wie ein Haken zu einem Schalltrichter umgebogen. Beide Instrumente umfaßten 6 Töne, wie das Signalhorn unseres Heeres. Besonders häufig verwendet wurde neben der Tuba das Horn, cornu, es war kreisförmig gewunden und ähnelte unserem Jagd- und Waldhorn. Kennzeichnend für das Horn

Abb. 187. Römische Trompeter (Grabsteine).

Abb. 188. Grabstein des Trompeters Sibbaeus (Mannheim); er hält die in Mundstück und Schallrohr zerlegte Trompete.

ist neben dieser Form die Stange, die wie ein Durchmesser den Kreis durchschneidet und der dünnen Windung größeren Halt und dem Bläser einen festen Griff ermöglicht. Dieses Horn zeigt mit seinen 17 Tönen einen vollen, weichen Klang (a). Zu den römischen Trompeten gehört auch die Bucina (d). Vielleicht haben wir in ihr eine Zugtrompete wie in unserer Posaune vor uns (Abb. 187).

Über die Verwendung der verschiedenen Trompeten bei bestimmten Anlässen kommen wir über Vermutungen nicht hinaus; Behn, ein verdienter Forscher, meint: Die Tuba gibt das Signal für die Bewegungen einzelner Soldaten, das Cornu für die ganzer Abteilungen, im Kampf bliesen beide. Die Bucina blies u. a. den Zapfenstreich und die Signale in der Nacht, die dann auch als Zeitbestimmung verwendet wurden; so sprach man von bucina prima, secunda usw. Was die Zahl der Trompeter betrifft, so wissen wir aus zwei afrikanischen Inschriften, daß dort in einer Legion 37 Tubabläser und 35 Cornubläser vorhanden waren. Doch nicht allein zu Signalen wurden diese Instrumente benutzt, sondern auch zur Erzeugung längerer Melodien; so berichtet Plutarch von einem Triumphzuge: „Am dritten Tage zogen in aller Frühe Trompeter umher, aber die Melodie, welche sie anstimmten, war nicht die eines Dankfestes und feierlichen Aufzugs, sondern die eines römischen Schlachtgesanges." Ebenso wurden bei militärischen Leichenbegängnissen Trauermärsche geblasen; auch exerziert oder marschiert wurde zum Takte der Musik.

Pferdeausrüstung.

Vom Pferdegeschirr werden häufig die Trensen gefunden, die unsern heute gebräuchlichen sehr ähnlich sind (Abb. 189). Das Pferdegebiß besteht meistens aus einem Mundstück und den beiden Backenstangen;

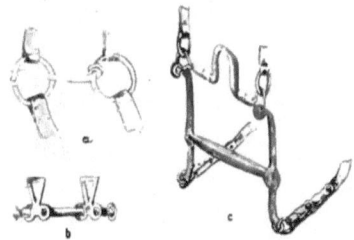

Abb. 189. Römische Pferdegebisse.
a Ringtrense, b Stangentrense mit Riemenösenplatte, c Hebelstangentrense (n. Ritterling).

ersteres ist entweder ein rundlicher Metallstab, der oft in zwei Stücke zerlegt ist, die in der Mitte, wo sie sich berühren, zu Ringen umgebogen sind, die ineinandergreifen. An den beiden andern Seiten sind Ringe oder Backenstangen befestigt, an deren Enden die

Zügel festgemacht sind. Bisweilen sind an den Enden der Gebißstangen Ösenplatten befestigt, durch deren obere Öffnung der Riemen ging, der Gebiß mit Kopfzeug verband. Daneben kommt der sog. **Kappzaum** vor, eine Art Metallgestell, das den Kopf umschloß

Abb. 190. Grabstein des Reiters Togitio (Mannheim).

und durch dessen Löcher an den Seiten des Maules die Gebißstange geführt war. Schließlich kommt das sog. **Hebelstangengebiß** vor (Abb. 189). Von den germanischen Trensen gibt Abb. 194 verschiedene Formen der Entwicklung.

Abb. 191. Schellen und Viehglocken.

Zum Pferdegeschirr gehören auch vielerlei Arten von Metallbeschlägen, vor allem die **Zierscheiben** (Abb. 190), die z. B. an den Brustriemen angebracht waren, ferner blatt- und herzförmige Anhänger, Schellen

und Glöckchen (Abb. 191), weiter die Zügelringe, die auf dem Kummet mittels eines vierteiligen Beschlägs mit Nägeln befestigt waren (Abb. 192).

Die **Sporen** haben meist einen kurzen, gedrungenen Stachel. An den glatt ausgeschmiedeten Enden sieht man die Löcher für die Riemen; andere haben eine knopfartige Verdickung, die durch das geschlitzte Riemenende gesteckt oder um die der Riemen geschlungen wurde. Fast alle Sporen sind seitlich verbogen zu dem

Abb. 192. *ab* Leitseilhalter, *cd* Pferdeschuhe.

Zweck, zu verhüten, daß der Reiter beim Bewegen des Fußes unabsichtlich in die Flanke des Pferdes stößt.

Die vielerörterte Frage, ob die römischen Pferde und Maultiere **Hufeisen** (Abb. 193) getragen haben, dürfte nach den Funden unbedingt zu bejahen sein. Es lassen sich drei Arten unterscheiden, solche, die

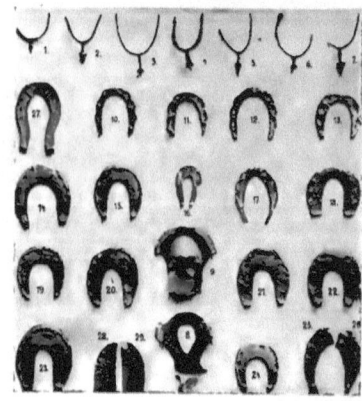

Abb. 193. Sporen und Hufeisen.

9—10 cm breit und 11—12 cm lang, eine Eisenbreite von 2 cm haben. Da, wo sich die 6 Nagellöcher befinden, zeigen sie kreisartige Ausbuchtungen. An den Enden haben sie meistens Stollen (10—12). Bei der zweiten Art beträgt die Eisenbreite 3—4 cm, sie verjüngen sich nach den Enden hin, die eine gratartige

Erhöhung zeigen und bei manchen fast spitz zulaufen, sie haben 6 Nagellöcher ohne Ausbuchtungen und sind nach dem äußeren Rande hin glatt (13, 17, 18). Die übrigen Hufeisen sind größer (10—11 cm breit, 13—14 cm lang) und kräftiger gearbeitet. Die Anzahl der Nagellöcher, die in die Falzrinnen eingehauen sind, schwankt zwischen 6, 7 und 8. Die meisten der Eisen zeigen eine weitere Besonderheit in einer vorne angebrachten Verstärkung (Jacobi) (14, 15, 19—23, 24—26).

Hufschuhe mit auf den Seiten oder vorn aufgebogenen Lappen und einem Ring an der Hinterseite zum Durchziehen einer Schnur dienten als Ersatz für Hufeisen und wurden auch bei Tieren mit weichen oder kranken Hufen verwendet (Abb. 192 c d).

Bezüglich des Sattels ist folgendes zu bemerken: Caes. B. G. III. 2 sagt, die Germanen ritten nur auf nackten Pferden, während der Römer sich des Ephippia bedienten. Ein Ephippium war ein genähtes Polster ohne Sattelbaum, das wahrscheinlich vorn und hinten kleine Wulste hatte, also ein Reitkissen.

Wirkliche Sättel mit Holzgestell scheinen im 2. Jahrh. aufgekommen zu sein. Auch die germanischen Pferde wurden, wie es das Gelände erforderte, beschlagen, und die zahlreichen zierlichen, ganzrandigen, kleinen Hufeisen, wie sie in Südbayern und der Schweiz gefunden worden sind, sind jedenfalls vorrömisch.

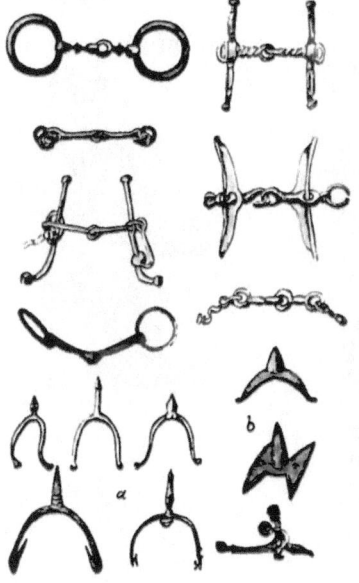

Abb. 194. Germanische Trensen und Sporen.

Abb. 195. Fränkischer Steigbügel.

Einen Sporn trug der germanische Reiter entweder am linken Fuß allein oder an beiden Füßen; er ist entweder ein einfacher Bronzebügel, auf dessen Mitte ein Stachel auf kurzem Hals sich erhebt, oder nach römischem Vorbild eine Metallplatte, in deren Mitte ein kegelförmiger Eisenstachel befestigt ist. In beiden Fällen geschah die Befestigung durch einen Riemen (Abb. 194). Steigbügel kommen vor dem 4. Jahrh. nicht vor (Abb. 195).

VII. Geräte.

Tonwaren.

Neben den germanischen Tonwaren, die die Römer im Lande antrafen, bedienten sie sich in der ersten Zeit der Besetzung des Landes solcher Gefäße, die aus Italien (Arezzo) und Gallien eingeführt waren. Besonders in der letztgenannten Provinz hatte sich schon um Christi Geburt eine ausgedehnte Töpferindustrie entfaltet, die im ersten nachchristlichen Jahrhundert ihre Erzeugnisse weithin versandte. Gallische Kaufleute brachte diese auch an den Rhein; als hier die Nachfrage lebhafter wurde, siedelten sich gallische Töpfer selbst in dem neuen Gebiet an, wo Wald, Wasser, Ton und Sand zur Verfügung standen. Besonders entwickelte sich von 120 n. Chr. ab die große Töpferzentrale in Rheinzabern, nach und nach entstanden auch Töpfereien in dem rechtsrheinischen Gebiet.

„Es ist ein Handwerk, das sich schon sehen lassen kann. Wir dürfen getrost sagen, daß beispielsweise die gallisch-römische und insbesondere unsere rheinische und belgische Keramik die beste in der Kaiserzeit ist, an Güte der Technik und Schönheit der Formen aller gleichzeitigen provinziellen und sogar der italienischen überlegen." (Dragendorff.)

Alle diese Töpfereien fertigten in erster Linie die sog. Terrasigillataware (Abb. 196, 197), die sich von allen anderen keramischen Erzeugnissen durch die rote Farbe und die anderthalb Jahrtausende hindurch tadellos erhaltene Glasur auszeichnet, die nachzuahmen bisher noch nicht völlig geglückt ist. Der in der sog. Schlämmgrube durchgeschlämmte Ton wurde in einem Keller aufbewahrt, über dem die Werkstätte errichtet war. Der Brennofen, nahe dabei, war meist rund und von kleinem Durchmesser; er war

Abb. 196. Sigillatagefäße (Saalburg).

Fig. 197. Römischer Gefäßfund (Saalburg).

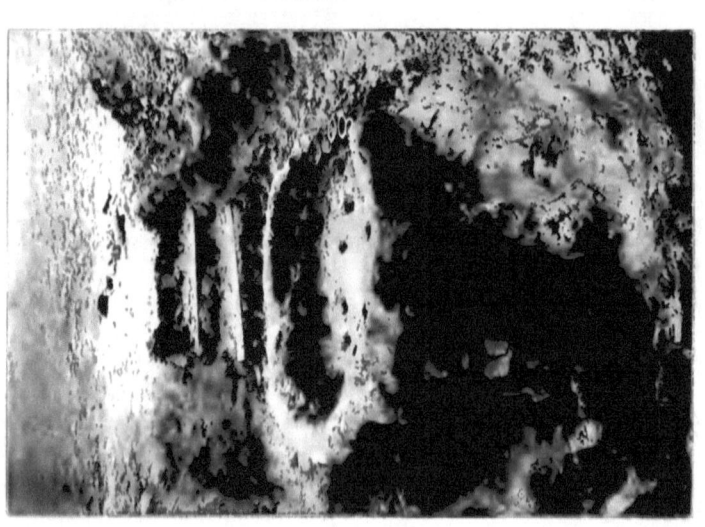

Abb. 198. Runder Töpferofen (Rheinzabern).

Abb. 199. Sigillatatassen.

Abb. 201. Töpferofen (Rheinzabern).

Abb. 200. Sigillataflasche in Barbotinetechnik mit kämpfendem Gladiator (Rheinzabern).

Abb. 202. Sigillatagefäß mit Kerbschnittmustern (Rheinzabern).

in den Boden hinuntergebaut und von einer festgestampften Lehmschicht umgeben. Der Herd besteht aus einem gangartigen Feuerraum, der sich meistens in zwei Heizkanälen fortsetzt, über denen die horizontale Lehmdecke liegt, welche von etwa faustgroßen Heizlöchern wie ein Sieb durchbrochen ist. Aus dem Heizkanal zog die glühende Luft durch die Löcher in den Brennraum, in dem die an der Luft getrockneten Gefäße standen. Der Brennraum war überdeckt von einer Kuppel (Abb. 198, 201).

Was das Äußere der Gefäße betrifft, so haben wir glatte, manchmal mit Riefen, Strichen, Schuppen verzierte, dann solche mit eingeschnittenen Zieraten in der Art des Kerbschnittes (Abb. 202), und weiter die sog. Barbotineverzierungen, dadurch hergestellt, daß der ganz weiche Tonschlamm

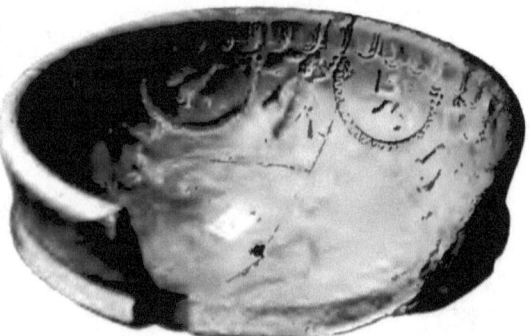

Abb. 203. Formschüssel für Sigillataschüsseln.

Abb. 204. Handstempel zum Eindrücken der Kerbkreise in die Formschüssel (Rheinzabern).

aus einem Hörnchen oder Röhrchen auf die glatte Außenseite des Gefäßes aufgetragen wurde (Abb. 200).

Die weitaus häufigsten Verzierungen aber sind die, welche mittels der Modell- oder Formschüssel hervorgebracht werden. Diese entsteht dadurch, daß man in die Innenseite einer noch ungebrannten Tonschüssel mittels Holz- oder Tonstempel (Abb. 204) erhabene Verzierungen eindrückt, die nun in jener vertieft erscheinen. Dann wird die Tonschüssel gebrannt und kann nun dazu dienen, die Gefäße herzustellen, indem man den Ton in die Schüssel gegen ihre Innenwand streicht und dann trocknen läßt (Abb. 203). Nun kann man das neue Gefäß herausnehmen, das auf der Außenwand all die Verzierungen zeigt, die die Innenseite der Modellschüssel aufweist. Neben den Verzierungen finden wir häufig einen oder zwei Stempel; sie bezeichnen einmal den Verfertiger der Modellschüssel, dann den Hersteller des Gefäßes (Abb. 206).

Neben dieser Terrasigillata, die etwa die Rolle unseres heutigen Porzellans spielte, hatten die Römer Gefäße aus gewöhnlichem Ton in einer reichen Fülle von Formen im Gebrauch. Die meisten zeigen die graue, gelbliche oder rötliche Farbe des Tons,

Abb. 205. Schwarze Spruchbecher (Mainz).

andere weisen Färbung auf, viele sind marmoriert oder stumpfschwarz, wieder andere von besserer Machart sind glänzend schwarz, oft mit weißen Arabesken und Aufschriften versehen, wie vinum vires (dat = der Wein gibt Kräfte), bibamus pie (laßt uns andächtig trinken), vivamus (laßt uns leben) (Abb. 205).

Um 100 n. Chr. begann am Rhein, z. B. in Köln, die Herstellung glasierter Tongefäße, deren Körper mit Reliefs in Formschüsseln gepreßt wurde. Neben der grünen Glasur finden wir gelbe, braune, rote in allen Farbabstufungen. Charakteristisch in der Form sind die sog. Gesichtsurnen,

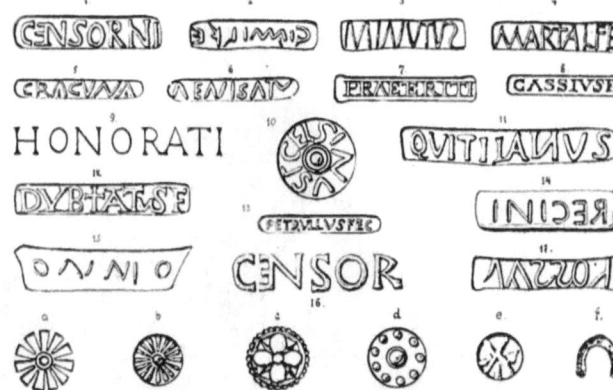

Abb. 206. Töpferstempel von Sigillatagefäßen (Saalburg). (Censorini, Giamilus, Minutus, Martialis fe(cit), Cracuna usw.)

die einen menschlichen Kopf darstellen (Abb. 207). Unter den gewöhnlichen Tongefäßen nehmen die großen zweihenkeligen Amphoren zum Aufbewahren von Getränken, Öl, Frucht u. a. eine besondere Stelle ein. Eine solche aus Augsburg hat die Aufschrift: liquamen ex scombris ex cella Aulieni Maximi, d. h. Fischbrühe vom Lager des A. A., auf einer Amphora aus Windisch liest man: oliva(e) nigr(ae) ex defr(uto), d. h. reife Oliven in eingekochtem Most eingemacht.

henkelte Krüg in allen Formen und Größen vor. Rundbauchige Töpfe mit spitzem Fuß und breiter Öffnung gehören zum gewöhnlichen Küchengeschirr, ebenso die unseren Blumenuntersätzen ähnlichen Schüsseln und Reibschalen sowie am unteren Teil durchlöcherte Gefäße, die als Seihen (Abb. 211) dienten. Sehr beliebt sind auch die eingebauchten Becher (Abb. 210) mit dünner Wandung und meist geschwärzt. · Zu religiösen Zwecken haben vielleicht die doppelhenkeligen, breitfüßigen, vasenähnlichen Gefäße (Abb. 212) gedient.

Abb. 207. Brandgrab mit Gesichtsurne (Rheinzabern).

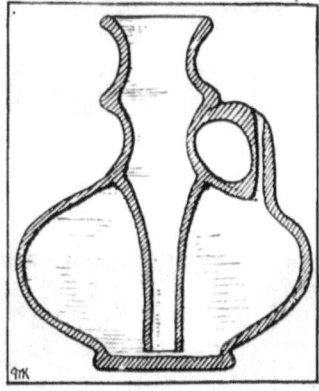

Abb. 208. Römische Vexierkanne (Mainz).

Diese Art von Gefäßen werden verschlossen durch einen zapfenartig nach untenzu gehenden Deckel; auch Pfropfen aus Holz oder anderem Material kommen vor, die oft mit Gips oder Erdpech gedichtet wurden (Abb. 209).

Neben den Amphoren, deren Henkel oft Stempel des Töpfers oder Besitzers aufweisen, kommt der ge-

Neben den römischen Töpferwaren blieben auch die heimischen im Gebrauch; am Niederrhein begegnen wir häufig der sog. belgischen Ware, die mit Hilfe der Drehscheibe hergestellt, einerseits eine Fortsetzung der alten barbarischen Gefäße darstellt, anderseits durch die Formen römischer Keramik beeinflußt ist (Abb. 220).

Abb. 209. Römische Amphora und Krüge (Saalburg).

Abb. 210. Eingebauchte Becher aus Ton.

Abb. 211. Sparbüchse und Seihe aus Ton.

Abb. 212. Doppelhenklige Tongefäße.

Abb. 213. Tongefäße und Lämpchen.

Abb. 214. Gefäße aus der jüngeren Steinzeit (Hinkelsteintypus). (Nach Kohl, Wormser Festschrift.)

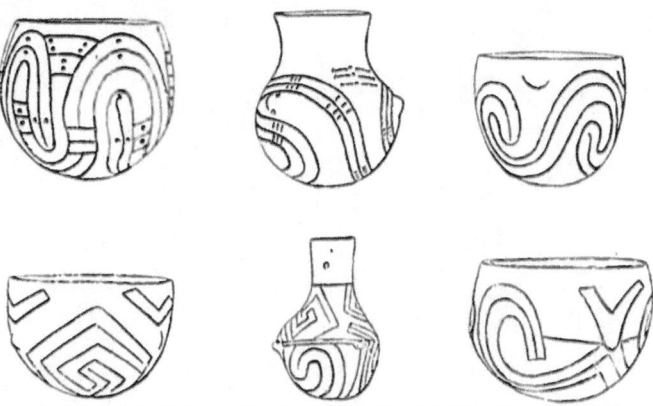

Abb. 215. Gefäße der jüngeren Steinzeit (Spiralkeramik). (Nach Kohl, Wormser Festschrift.)

Abb. 216. Gefäße der jüngsten Bronzezeit (Sprater).

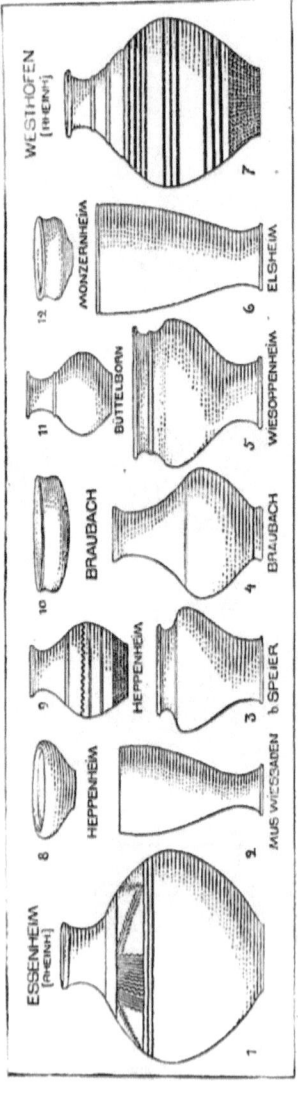

Abb. 217. Gefäße der Mittel- und Spätlatènezeit (Schumacher).

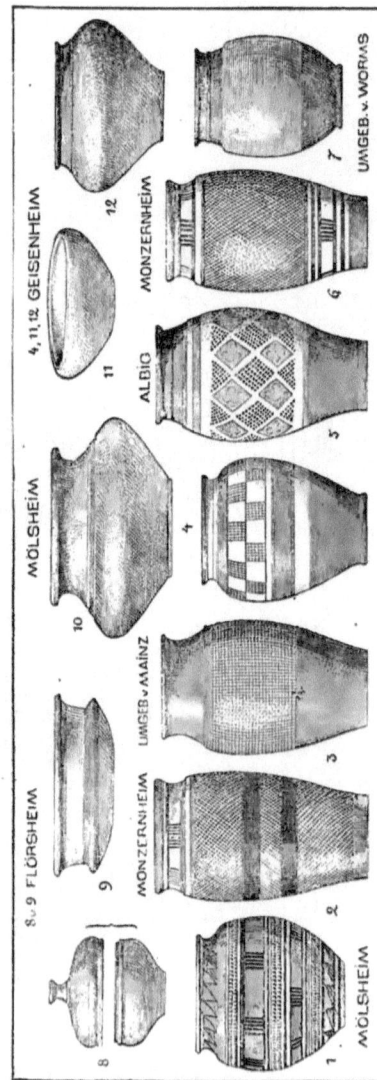

Abb. 218. Gefäße der Spätlatènezeit (Schumacher).

Bei den Germanen war die Töpferei zuerst Hausindustrie. Die Frau fertigte, wie die Handspuren auf vielen Gefäßen zeigen, die für den täglichen Gebrauch nötigen Töpfe, Schalen, Krüge, Becher u. a., an und zwar anfangs ohne Verwendung der Töpferscheibe.

1600—1000 v. Chr.), aus der Eisenzeit (ab 900 v. Chr.), in die auch die sog. Latènezeit fällt. Ihre Farbe ist meist grau, schwarz oder braun, besonders kennzeichnend für die germanische Herkunft ist der Fuß. „Die Breite der Gefäße ist immer beträchtlicher als ihre

Abb. 219. Gefäße der älteren Eisenzeit (Offenbach bei Landau).

Von dem Schönheitssinn zeugen die mannigfachen eingeritzten Verzierungen, die, oft noch mit weißer Erde ausgefüllt, sich dann lebhaft von dem dunklen Ton abheben. Römischer Einfluß zeigt sich bald in den neuen Formen der Gefäße, deren Anfertigung die germanischen Arbeiter in den Fabriken der Fremden mit Erfolg lernten, denn nach der Vertreibung der Eroberer zeigte sich das Töpferhandwerk noch längere Zeit auf der Höhe. So finden wir in der ganzen Kaiserzeit in den römischen Siedlungen und Kastellen neben den

Höhe; die Stilform ist durch den kurzen, senkrecht auf die Schulter gesetzten Hals bestimmt, der auch, wo er stark eingeschnürt und verengt wurde, dem weit-

Abb. 221. Germanische Gefäße.

Abb. 220. Belgische Tongefäße.

römischen Gefäßen die germanische einheimische Ware, wie umgekehrt in den germanischen Wohnungen gar mancherlei römische Gefäße.

Die ältesten germanischen irdenen Gefäße sind ohne Verwendung der Töpferscheibe und ohne Benutzung des Brennofens römischer Art hergestellt; sie sind infolgedessen noch weich gebacken und nicht klingend hart wie die im Brennofen scharf gebrannten römischen Erzeugnisse. Um die Entwicklung der Gefäßformen und ihre Verzierungen zu veranschaulichen, geben wir im folgenden einige Abbildungen von Gefäßen der Steinzeit (etwa bis 1600 v. Chr.), der Bronzezeit (etwa

bauchigen, schlichten, irdenen Geschirr nicht fehlt, das noch ohne Standfuß geblieben ist (Abb. 219).

Die als Leitform der Epoche angesprochene Fußurne bleibt im allgemeinen unverziert. Es ist anfangs eine ostdeutsche Besonderheit, daß auf ihrer Bauchwand in dichten Reihen rundliche Erhöhungen warzenförmig aufgesetzt wurden" (Kaufmann). Diese Form dringt nach Westen bis zum Rhein vor. Ebenfalls aus Nordostdeutschland stammt die Mäanderurne. Die klassische Verzierung ist teils mit Linien in den Ton eingeritzt, wobei die Linien manchmal mit Punkten umsäumt sind, teils sind die Linien durch Punkte ersetzt, die mit einem Rote, gelbgefleckte und gesprenkelte Gefäße sind erst unter römischem Einflusse entstanden; so sind in der Wetterau solche hergestellt worden, die auf gelbem oder weißem Grund rote, gelbe und braune Flecken und Tüpfchen zeigen.

Mit dem Aufgeben der Rheingrenze um 410 hört dieser römische Einfluß auf die Töpferei auf; es wird nur noch das rauhwandige Gebrauchs-

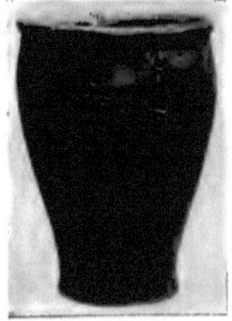

Abb. 222. Tonflasche (Laténezeit) aus Praunheim.
(B. Müller, Bilderatlas.)

Abb. 223. Tonschale (Laténezeit) aus Praunheim.
(B. Müller, Bilderatlas.)

Abb. 224. Tontopf (Laténezeit) aus Praunheim.
(B. Müller, Bilderatlas.)

Rädchen mit mehreren Reihen feiner Zähne in die weiche Tonwand eingedrückt sind. Diese Mäanderverzierung sitzt auf der Schulter der Gefäße in einem horizontal umherziehenden Bande, von welchem senkrechte Verzierungsfelder bis zum Fußende sich hinabziehen, die auf dieselbe Weise hergestellt sind.

geschirr und das, welches durch Schmauchen schwarz gefärbt ist, hergestellt.

Glaswaren.

Außer der aus Italien importierten Ware bahnen sich bald die gallischen Gläser einen Weg nach dem

Abb. 225. Römische Gläser.

Rhein und dem Limesgebiet. Die gallische Glasindustrie bestrebt sich, das Glas möglichst farblos, durchsichtig herzustellen. Die Fabriken der germanischen Provinzen liefern mehr gewöhnliche Ware von blaugrüner Farbe, daneben finden wir durch Zusatz mineralischer Erden gefärbtes Glas von gelber, brauner und blauer Färbung. Die Formen der Gefäße sind sehr verschieden, wie Abb. 225 zeigt. Beliebt waren auch die Tierformen, Schweine, Affen, Schwäne, Schildkröten, Delphine und Fische; auch Früchte, z. B. Weintrauben und Pflanzen, werden in ihren Formen verwendet. Häufig sind auch die durch Pressen in einer Form hergestellten Faßgläser, die ein aufrecht stehendes, mit Reifen umgebenes Faß darstellen, das einen Henkel und Ausguß hat.

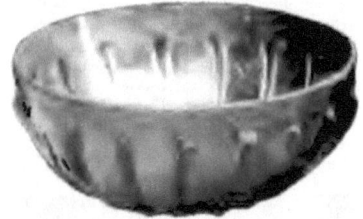

Abb. 226. Geripptes Glasschälchen (Rheinzabern).

Abb. 227. Flaschenboden mit Stempel des Herstellers. Caranto av. Alm? (Straßburg).

Außerordentlich mannigfaltig ist auch die äußere Verzierung der Glaswaren; kunstvoller Schliff und geschickte Gravierung schaffen Werke von köstlicher Eigenart; durch Einbrennen von unvergänglichen Schmelzfarben und Einlegen von mit Zeichnungen versehenen und ausgeschnittenen Goldplättchen zwischen zwei Glasschichten werden vortreffliche Wirkungen erzielt, sehr beliebt ist die Auflage bunter Glasfäden, Knöpfe (sog. Buckeln oder Tränen) und Bänder auf der Außenwand der Geschirre. Besonders kunstvoll sind die Kugelbecher mit gläsernem Überfangmantel (Abb. 229, 230), aus dem Stücke herausgebohrt wurden, so daß die Gefäße wie von einem Netzwerk umfangen sind (vasa diatreta).

Ein wesentlicher Bestandteil der Glasfabrikation waren auch die Fensterscheiben. Sie wurden in

Abb. 229. Römisches Glas mit Überfangmantel.

der Weise hergestellt, daß die flüssige Glasmasse auf eine Steinplatte gegossen und hier gleichmäßig verteilt wurde. Lehrreiche Reste einer Glashütte, die solche Fensterscheiben anfertigte, wurden bei Cordel in der

Abb. 228. Glasgefäße (Rheinzabern).

Abb. 230. Glas mit Überfangmantel mit der Umschrift Ave (oder bibe) Maximiane Auguste (Straßburg). (Nach Forrer, Das römische Straßburg.)

Eifel gefunden. Köln war anscheinend die Stätte, an der die schönsten und meisten Glaswaren im Rheinland hergestellt wurden, ferner sind Glashütten aus Trier und von dem Hunsrück bekannt.

Mühlen und Bäckerei.

Bei der römischen Mühle (Abb. 231, 232) haben wir als wichtigste Bestandteile die zwei kreisrunden Mühlsteine, den Bodenstein und den über ihm liegenden Läufer.

Abb. 231. Römische Mühle.   Abb. 232. Römische Mühle, links Bodenstein ohne Läufer.

Der untere lag auf dem Boden oder einer geeigneten Unterlage fest; in ihm war ein kurzer Eisenstab befestigt, um dessen Spitze sich der Läufer drehte. Ein schwalben-

Abb. 233. Römische Mühle (Saalburg).

schwanzförmiges Eisen, durch das diese Spitze hindurchging, war von oben in den Läufer eingelassen (Abb. 236 i). Dieser hat oben in der Mitte eine Öffnung, durch die

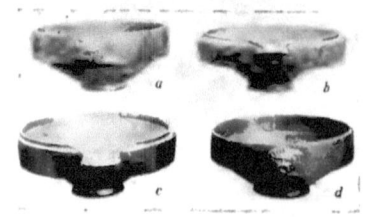

Abb. 234. Reibschalen mit Ausguß.

das Getreide eingeschüttet wird, so daß es zwischen die beiden Mühlsteine gerät. Durch Drehung des Läufers wird es nun zerrieben und fällt nach außen, wo es durch eine Rinne aufgefangen wird. Bei kleineren Mühlen wird die Drehung durch die Hand bewerkstelligt, indem an einem aus dem oberen Stein herausragenden Zapfen der Stein im Kreise herumbewegt wird. Bei größeren Mühlen hat der Läufer zwei Ringe, durch die ein Stab gesteckt wird; durch Vorwärtsdrücken desselben wird auch der Stein bewegt.

Zur Bewegung der großen, oft $2^1/_2$ Zentner schweren Mühlsteine (F, G) diente eine andere Vorrichtung, über die H. Jacobis Forschungen Klarheit verschafft haben (Abb. 233). Danach hat der Läufer auf der Unterseite die schwalbenschwanzähnlichen Vertiefungen, in denen der sog. Mitnehmer liegt, der mit der eisernen Achse

Abb. 235. Mühlsteine (Saalburg).

(E) fest verbunden ist. Diese geht durch den unteren Stein und dreht sich in einer quadratischen Pfanne (unter E). Zwischen dem Bodenstein und dieser Pfanne geht nun die Achse durch ein laternenförmiges Zahnrad (D), in dessen Ober- und Unterfläche sie fest verkeilt ist. In die Bolzen dieses Zahnrads greifen die Zähne eines großen, radförmigen Zahnrads ein,

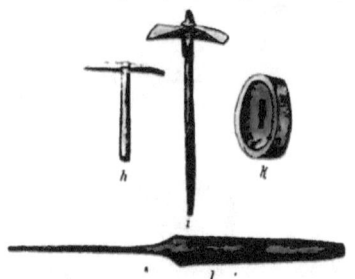

Abb. 236. Müllereigeräte.
h Bille zum Schärfen des Mühlsteins, i Eisenaxe zum Bewegen des Mühlsteins, k kleiner Mühlstein, l Backschaufel.

das durch eine Kurbel mit langer Greifstange (A) gedreht wird. Auf der Innenseite, also der Mahlfläche, sind Läufer und Bodenstein geschärft, was mittels eines besonderen Geräts, der sog. Bille, geschah (Abb. 236 h). Das Material, aus dem sie (Abb. 235) bestehen, ist meistens Basaltlava aus Niedermendig im Brohltale; bei Wanzenau in der Nähe von Straßburg wurden 30 Mühlsteine ausgebaggert, die einer versunkenen Schiffsladung angehörten. In den Kastellen benutzten die Soldaten neben den Handmühlen auch die erwähnten größeren Mühlen, die durch mehrere Personen in Bewegung gesetzt wurden. Bei einer Arbeit von 4—6 Mann konnten so auf einer größeren Mühle in einer Stunde zwei Zentner (= 1 Sack) ausgemahlen werden, eine Leistung, die allerdings bescheiden zurücktritt gegen die unserer modernen Walzmühlen, die 9000 Sack an einem Tage mahlen. Es mag noch erwähnt werden, daß die Römer auch die Verwendung von Tierkräften und von mit Wasser getriebenen Rädern bei größeren Mühlen kannten.

Das in den Mühlen nicht fein genug gemahlene oder nur zerschrotete Getreide wurde in den Reibschalen

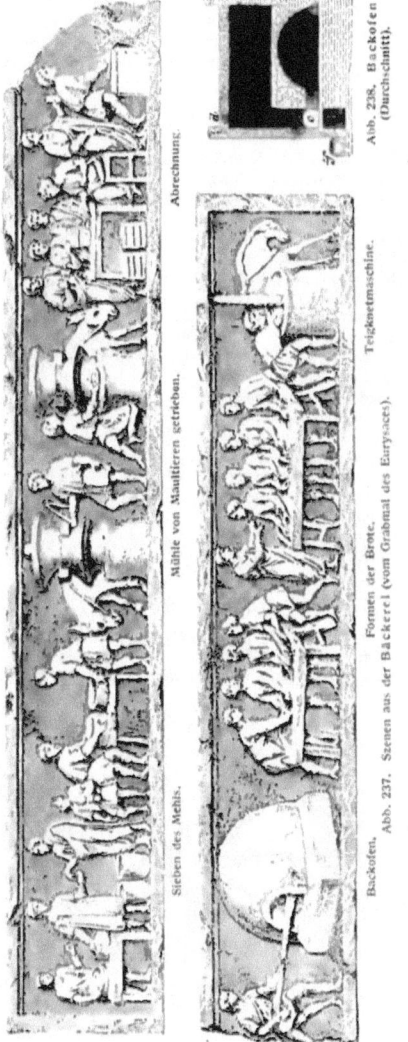

Abb. 237. Szenen aus der Bäckerei (vom Grabmal des Eurysaces).

Abb. 239. Römischer Backofen (Saalburg).

mit einem Steine oder einer Holzkeule unter Beiguß von Wasser noch mehr zerkleinert, damit sich die Hülsen von dem Mehl trennten und mit dem Wasser abgeschüttet werden konnten, so daß ein Mehlbrei auf dem Boden des Gefäßes zurückblieb, der dann gleich z. B. zur Herstellung von Brei oder Polenta verwendet werden

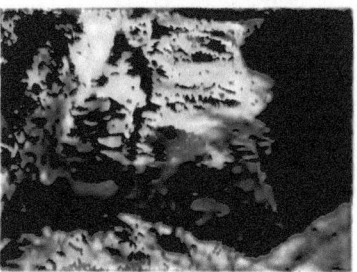

Abb. 240. Reste röm. Backöfen unter dem Wehrgang der Saalburg.

konnte. Der Boden dieser Reibschalen ist mit kleinen scharfkantigen Quarzkörnern besetzt, die wie ein Reibeisen wirken. Ein Ausguß ermöglicht das langsame Abfließen des Wassers, und ein breiter Wulst um den Rand verhütet das Ausgleiten des Gefäßes aus den haltenden Händen (Abb. 234).

Zur Herstellung von Brot wurde das durchgesiebte Mehl in einer Mulde oder einem Backtrog durchgearbeitet und der geformte Teig mit der Backschaufei (Abb. 236 f) in den Backofen gebracht. Dieser (Abb. 237—240) war aus Steinen aufgebaut und hatte eine aus Steinen, Ziegeln und Lehm hergestellte Kuppel. Der Feuerungsraum war durch eine Türe geschlossen.

Die Soldatenbrote wurden mit einem Stempel versehen (Abb. 241). In Carnuntum (Österreich) fanden sich im Lager zwei Backöfen mit verkohlten, aber völlig erhaltenen Broten von 29—32 cm (ein röm. Fuß) Durchmesser.

Abb. 241. Brotstempel einer Centurie mit der Inschrift: L(egio) XIIII G(emina) M(artia) V(ictrix) > Caecili \/ Sabinei > Caecili \/ Musenti adiut(oris) > Caecili \/ Metoni.

Das älteste germanische Werkzeug, Getreide zu mahlen, besteht aus einem flachgehöhlten Stein, in dessen Höhlung ein Steinreiber, der eine breitere Unterfläche hat und oben schmaler und handlicher wurde, mit der Hand bewegt wurde (Abb. 242—244).

Abb. 242. Mahltrog auf vier mit Mörtel verbundenen Steinen, deren Höhe 38 cm beträgt. Die Höhe des Troges 46 cm, Breite 30 cm. (Schleswig-Holstein.) (Nach Heyne.)

Daraus entwickelte sich die feste Mühle. „Zu einem festliegenden, gehöhlten, mit einer Mehlrinne versehenen Steine fügt sich ein in die Höhlung passender

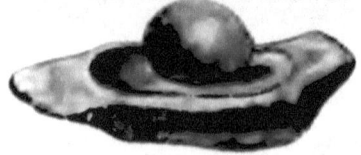

Abb. 243. Mahltrog mit Reiber (Beg-es-Lannes).

beweglicher, der an seiner oberen Seite einen Ring hat und mittels eines da hindurchgesteckten Baumes gedreht wird. Das Ganze ruht auf einem Stock, auf dem

der untere Mühlstein festgemacht ist" (Heyne). Die Wassermühle ist wahrscheinlich nicht germanischen Ursprungs, sondern von den Römern übernommen, zugleich mit dem lateinischen Wort molina, das die germanische Bezeichnung Quirn verdrängt hat. Da die einfache Getreidemühle fast ausschließlich in Frauengräbern gefunden wurde, ist anzunehmen, daß das Vermahlen des Getreides Aufgabe der Frau war.

Das gemahlene Getreide, bei dem Kleie und Mehl noch nicht geschieden waren, wurde nach dem Durchsieben mit Wasser und Milch zu Brei angerührt. Vermahlen wurde Gerste, Hafer und Hirse, später häufiger der Roggen.

Letzteren wie den Hafer lernten die Römer überhaupt erst von den Germanen kennen. Dem derben Roggenbrot gegenüber galt das von den Romanen bevorzugte Weizenbrot als „Herrenbrot". Der aus jenem Mehl hergestellte Teig wurde zwischen heißen Steinen auf dem Herde zu Fladen verbacken; den Backofen bauten sie wohl erst nach römischem Vorbild; er hatte eine „bienenkorbähnliche Gestalt, aus Stein und Lehm aufgebaut und mit Feuerloch und Rauchabzug versehen".

Abb. 244. Handmühle aus Kornwestheim (Latènezeit).

Holzgeräte.

Die Vergänglichkeit des Materials erklärt es, daß Geräte aus Holz, wie sie jedenfalls in großer Mannigfaltigkeit verwendet worden sind, nur spärlich erhalten

Abb. 245. Wagenrad, gef. in einem Brunnen (Zugmantel).

sind, und zwar nur da, wo sie wie in den Brunnen unter Abschluß der Luft vor Verfall geschützt werden konnten. So haben wir unter den Saalburgfunden (Abb. 245—247) Holzeimer, Schüsseln, ein Getreidemaß mit 17,47 l Inhalt, ferner Faßdauben und Böden, Holzschuhe, Schreibtäfelchen aus Pinienholz, Stücke von Weidenkörben, Dachschindeln, Holzrechen, Holzröhren, Schaufeln, Schlegel, Schlösser und Schlüssel u. a. Aus Holz waren auch die vielverwendeten Kästchen und Truhen, deren Metallbeschläge und Nägel eine Rekonstruktion ermöglichten, ferner die Särge, Bänke und Tische.

Zur Bearbeitung des Holzes dienten die unten Abb. 248 genannten Werkzeuge.

Aus Holz war auch der Stab, der die **Spinnkunkel** bildete.

Diese besteht aus 2 Teilen, jeder 95 cm hoch, dem Untersatz und dem eigentlichen Rocken, der mit dem zu verspinnenden Faserstoff umgeben wird. Der Faden, welchen beim Spinnen die linke Hand von dem Rocken abgezogen hat, wird durch etwas Nässe und durch eine einfache Schlinge an der oberen Spitze der Spindel befestigt. Diese ist ein rundes, 28 cm langes, nach beiden Seiten spitz verlaufendes Stäbchen, in das

Abb. 246. Römische Holzeimer. (Saalburg).

auf und fährt dann wieder fort mit Rotieren, wie sie begonnen (nach v. Cohausen).

Metallgeräte.

Die Schlosser- und Schmiedewerkzeuge zeigen eine solche Vollkommenheit, daß sie unsern modernen Geräten an die Seite gestellt werden können.

Als für den Schmied wichtigstes Werkzeug ist der **Amboß** (Abb. 250) zu nennen, der in mannigfachen Formen vorkommt; die leichteren Ambosse hatten einen Holzstock, in dem sie mit dem spitzen Dorn saßen (Abb. 254,5). Mit der **Zange** wurde das auf dem Amboß zu bearbeitende glühende Eisen gefaßt (7,8), **Hämmer** und **Feilen** (23f) sind gleichwichtig.

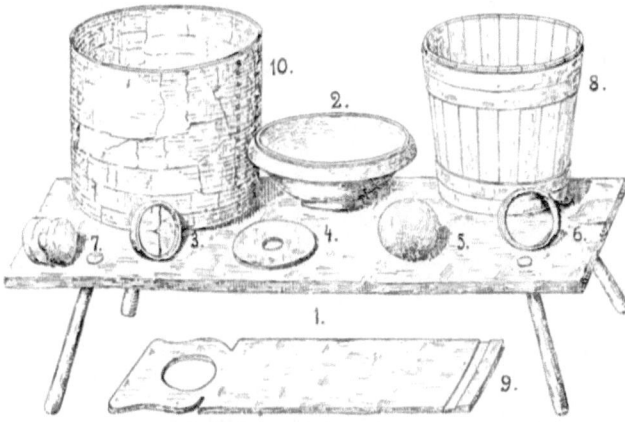

Abb. 247. Römische Holzgeräte (Saalburg).

der in der Mitte durchlochte Spinnwirtel aus Ton, Glas oder Stein von linsen-, mühlstein-, kugel- und stumpfkegelförmiger Gestalt gesteckt wird. Die Spinnerin läßt nun den Faden, beschwert durch die Spindel, zwischen Daumen und Zeigefinger herabhängen, nachdem sie der Spindel auf dem Ballen des Daumens mit dem Mittelfinger eine drehende Bewegung gegeben hat, durch welche auch der Faden seine Drehung erhält. Während nun der Faden mit der Spindel rotiert, zieht die Spinnerin immer weiteren Flachs aus und verlängert so den Faden. Berührt die Spindel den Boden, so rollt sie ihn auf der Spindel

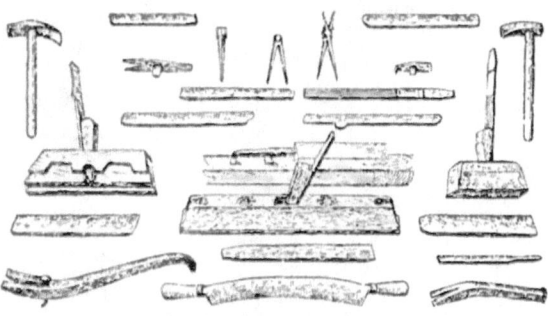

Abb. 248. Schreinerwerkzeuge (Saalburg).

Abb. 249. Bild eines Schmiedes (Mainz).

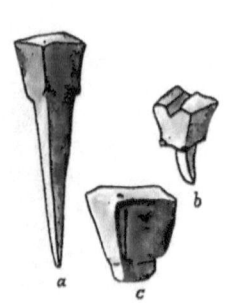

Abb. 250. Ambosse.
a Dengelamboß, b Nagelamboß.

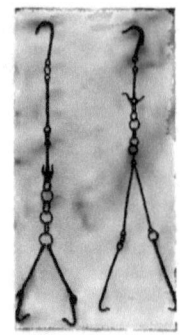

Abb. 251. Eiserne Aufhänger für große Gefäße.

Das römische Schloß in seiner einfachsten Form zeigt Abb. 253. Neben dem an der Türe angebrachten Schloß befindet sich eine Öffnung, durch die der Schlüssel seitlich in den ausgehöhlten Riegel B gesteckt werden kann. Durch Drehen und Heben des hier zweizinkigen Schlüssels C werden die Sperrklötzchen AA

das Zurückschieben des Riegels. In Abb. 252 zeigt das Schloß statt der Sperrklötzchen Eisenstifte, und der Schlüssel wird von außen unter diese geschoben, daß

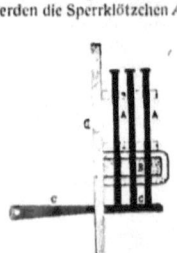

Abb. 252. Röm. Schloß.

gehoben, die von oben in die entsprechenden Öffnungen des Riegels hineinragten und ihn festhielten, daß er nicht verschoben werden konnte. Diese, durch den Schlüssel nach oben gehoben, ermöglichen

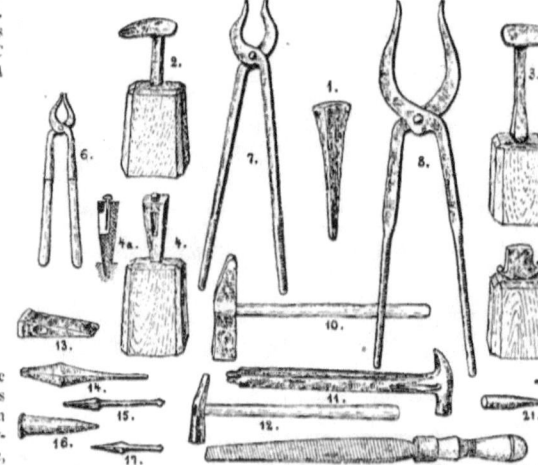

Abb. 254. Schmiedewerkzeuge (Saalburg).

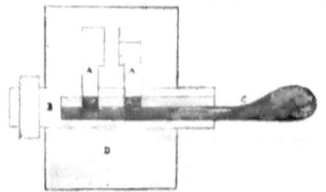

Abb. 253. Römisches Holzschloß.

sie gehoben werden und den Riegel freigeben. Bei den Schlüsseln, besonders denen aus Metall, werden die Zinken, die sog. Bärte, immer mannigfacher (Abb. 259). Für kleine Truhen und Kassetten werden sog. Ringschlüssel verwendet. Neben den Türschlössern kommen zahlreich die Vorlegeschlösser vor, im Innern werden die Zuhaltungen mit Metallfedern eingeführt, wie sie noch heute in Verwendung sind. Einen Türverschluß durch einen Riegel zeigt Abb. 255).

Von den Zimmermannswerkzeugen nennen wir die Äxte (Abb. 256 a—d), die in verschiedenen Formen vorkommen, die Sägen, die Beile, die Meißel, Bohrer, Nagelzieher, die in gleicher Form auch von dem Schreiner benutzt werden.

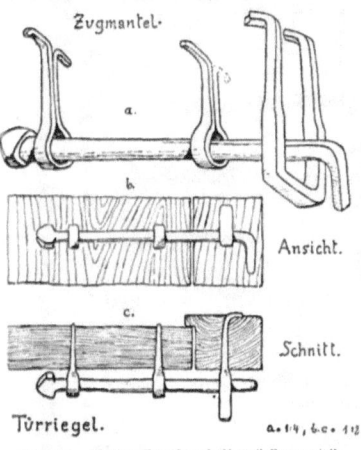

Abb. 255. Eherner Türriegel (Kastell Zugmantel). (Aus Saalburgjahrbuch 1911.)

Zum Messen dienten neben dem Maßstab (256 g) die Zirkel, Winkel (e) und das Senkblei (f, 260 d). Der Maurer verwendete die Kelle, den Hammer, die Schippe, der Steinmetz die gleichen Hämmer wie unsere Steinhauer. Unter den Metzgergeräten fallen besonders die Hackmesser auf (Abb. 260 a), ferner die Beile und die Fleisch-

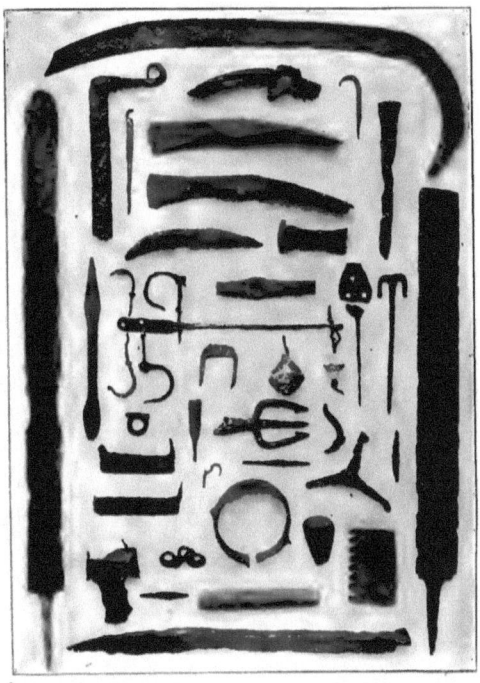

Abb. 257. Gesamtfund römischer Eisengeräte von Herzberg bei Homburg v. d. H. (2 Langschwerter, 2 Doppeläxte, Wage, Fischgabel, Sense u. a.)

haken. Alle diese Werkzeuge zeigen auch noch heute fast durchweg dieselben praktischen Formen, in denen sie von den Römern durch die Germanen übernommen wurden.

Messer für den Privatgebrauch finden sich in allen Formen und Größen. Es gibt solche, bei denen

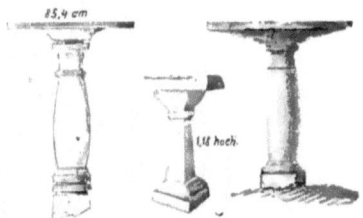

Abb. 258. Steintische aus Mörsch i. B., Neckarburken, Heddernheim.

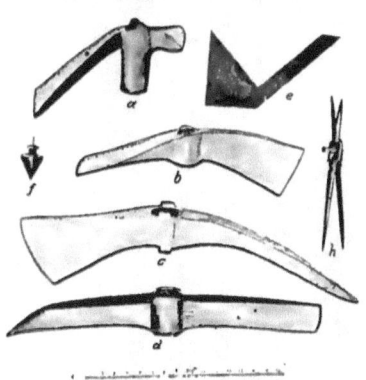

Abb. 256. Zimmermannswerkzeuge.
a Deckel, b Loch- oder Queraxt, c Pickelaxt, d Lochaxt zum Lochen von Balken, e Winkelmaß, f Senkel, g Maßstab (29,1 cm = 1 röm. Fuß [1 digitus, 2 unciae, 3 palmae]), h Zirkel.

Klinge und Stiel aus einem Stück geschmiedet sind, andere haben Holz- oder Beingriffe, auch Bronzegriffe sind oft vertreten. Daneben gibt es solche Messer, bei denen die Klinge wie bei unseren Taschenmessern umzulegen ist. Eine besondere Form ist dem Messer

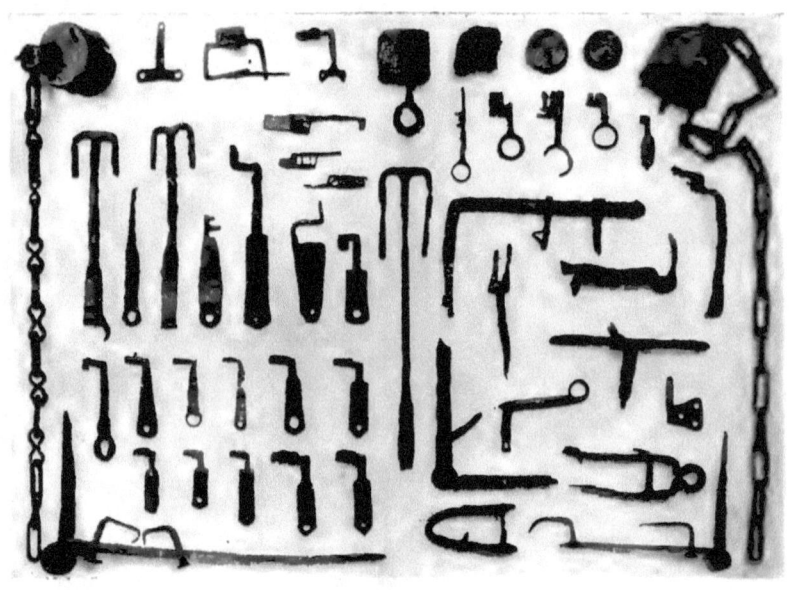

Abb. 259. Schlösser, Schlüssel und Türbeschläge (Saalburgmuseum).

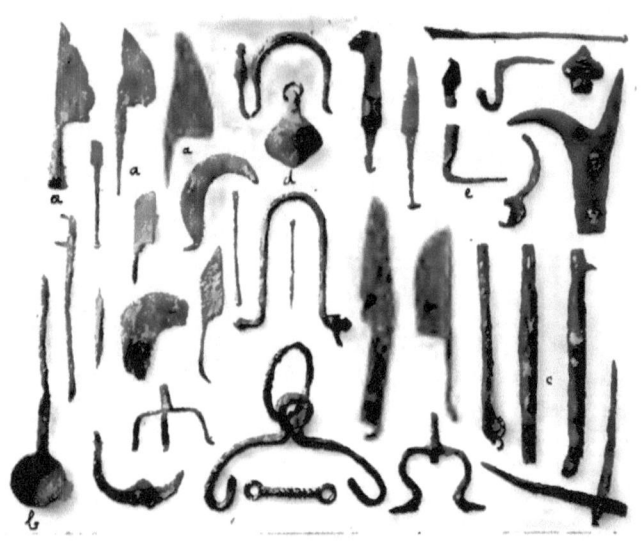

Abb. 260. Messer, Löffel und andere Eisengeräte (Saalburgmuseum).

eigen, das oft an den Opferaltären abgebildet ist; es erinnert an unsere Fleisch- oder Hackmesser und wurde wohl außer zum Zerstückeln des Fleisches auch zum Spalten des Holzes verwendet (a). Zum Schärfen der Schneiden dienten die aus gutem Stahl hergestellten Schärfstähle, die am oberen Ende eine Öse mit Ring haben, mit dem sie mittels eines Riemens am Gürtel angehängt wurden (c).

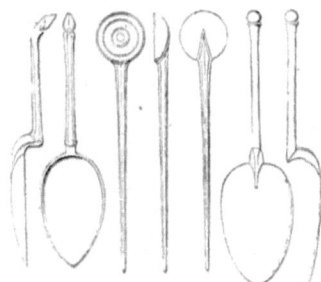

Abb. 261. Römische Löffel.

Die Gabel, als Gerät beim Essen uns unentbehrlich, war als solches bei den Römern nicht allgemein im Gebrauch; doch bedienten sie sich größerer Gabeln beim Kochen, Braten und Zerlegen des Fleisches. Löffel fanden bei den vielen breiartigen Speisen ausgebreitete Verwendung. Metallöffel aus Bronze, Eisen, Horn haben dieselbe Form wie unsere heute gebräuchlichen, einen längeren Stiel, an dem eine ovale oder runde Schale befestigt ist. Koch- und Schöpflöffel kommen oft vor; ebenso kleinere, unseren Teelöffeln gleichende, die beim Verspeisen von Eiern, Süßspeisen u. a. (Abb. 261) verwendet wurden.

Fast alle hier besprochenen, lediglich für den praktischen Gebrauch bestimmten Geräte zeugen in gleicher Weise von der Erfindungsgabe wie von dem Schönheitssinn der Verfertiger, die sie selten schmucklos ließen, weil sie durch mannigfache Verzierungen auch die schlichtesten Gegenstände zu veredeln bestrebt waren.

Der germanische Obst- und Gartenbau ist durch die Römer außerordentlich beeinflußt worden. Kirsche, Pflaume, Zwetsche, Mirabelle, Birne, Apfel, Pfirsich und Aprikose sind, wenigstens in den veredelten Formen, durch sie nach Deutschland gekommen, ebenso viele Gemüsearten wie Spinat, Wirsing, Kohl, Zwiebel, Sellerie u. a. So erklärt es sich auch, daß viele Garten-

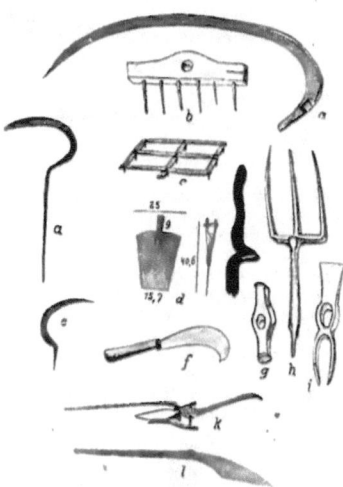

Abb. 263. Garten- und Ackergeräte.
a Sense, b Raster, c Egge, d Grabschaufel, e Sichel, f Baummesser, g Dengelhammer, h Mistgabel, i Jäthacke, k Pflug, l Pflugschar.

und Feldgeräte in den römischen Formen von den Germanen angenommen und verwendet wurden. Von diesen ist bemerkenswert der Raster aus Holz mit starken Eisenzinken, zur Lockerung des Bodens und Reinigung von Unkraut dienend (Abb. 263b), ferner die Rechen aus Holz oder Eisen, der Karst mit zwei Zinken, die Hacke (i) mit einem oder zwei Zinken auf der einen und einem breiteren Blatt auf der anderen Seite. Die Schippe oder der Spaten sind teils aus Eisen (d), teils aus Holz mit Eisenbeschlag. Heu- und Mistgabeln gleichen den noch heute gebräuchlichen, ebenso die Sicheln und Sensen (a). Der Pflug war wohl meist

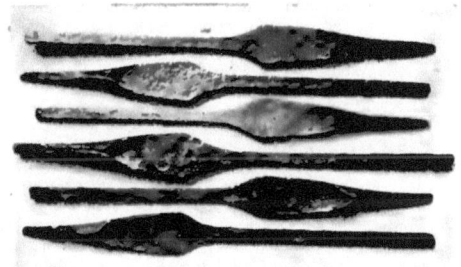

Abb. 262. Römische Pflugscharen (95—108 cm lang) aus Gettenau.

Abb. 264. Löffel, Schaber, Pinzette, Schröpfkopf (Heddernheim). (B. Müller, Bilderatlas.)

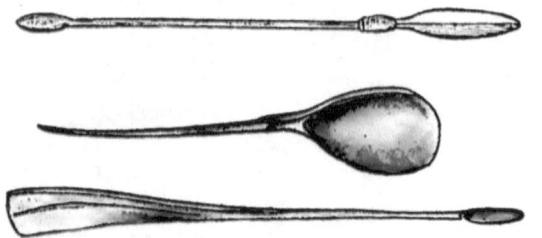

Abb. 265. Ärztliche Instrumente: Sonde mit Eiterlöffel, Löffel, Spachtelsonde.

Abb. 267. Römischer Okulistenstempel (Saalburg).

aus Holz bis auf die eiserne Pflugschar (Abb. 263 k nach einem Bronzemodell aus Köln), ebenso die Egge (c).

Wahrscheinlich ist es, daß die Germanen schon vor dem Eindringen der Römer den Räderpflug kannten. Es mag hier betont werden, daß jene um Christi Geburt keineswegs mehr Nomaden, sondern ein Ackerbau und Viehzucht treibendes Volk waren, das Roggen und Weizen, Gerste, Hafer, Erbsen, Bohnen und Linsen, Rüben und Möhren anbaute, ebenso Hanf und Flachs zur Herstellung des Linnens zog. Auf eine längere Erfahrung im Ackerbau weist auch die Tatsache, daß sie die Felder abwechselnd als Saatfeld und als Weideland ausnutzten.

eine zwei- (bisweilen ein-)zeilige Inschrift sich befindet, die den Namen des Augenarztes, das Mittel, mitunter auch die Anwendungsweise und Anzeige gibt" (Abb. 267). So heißt es auf einem Täfelchen aus Rottweil: M Ulpi Theodori crocodes, d. h. des M. Ulpius Theodorus Safranin, ein Mittel, das gegen Entzündung der Bindehaut verwendet wurde. Erwähnt seien hier noch die Sonnenuhren (Abb. 268).

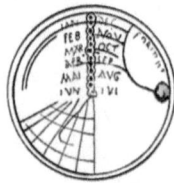

Abb. 268. Römische Taschensonnenuhr aus Elfenbein. Der den Schatten werfende Metallstab wird je nach dem Monat in eines der in der Mitte befindlichen Löcher gesteckt. (Mainz.)

Abb. 266. Ärztliche Instrumente.

Zu den ärztlichen Instrumenten gehören die aus Eisen, Bronze oder auch Silber hergestellten Pinzetten (Abb. 266), Spachteln, Sonden, Löffel (Abb. 265), Messer, Lanzetten. Hier ist auch die Zahnzange zu erwähnen, die zum Ausziehen kranker Zähne diente (Abb. 266 d) und die in zwei Stücken von der Saalburg und aus Vindonissa bekannt ist.

Zu den medizinischen Gerätschaften gehören auch die sog. Okulistenstempel, es sind "viereckige Täfelchen aus Serpentin, Nephrit oder Schiefer, an deren schmalen Seiten, meistenteils an allen vieren,

Schreibgeräte.

Die Kunst des Schreibens war bei den Römern sehr verbreitet, Beamte und Offiziere mußten mit Griffel und Feder umgehen können. Für Briefe und kleine Mitteilungen verwendete man die Schreibtafeln; sie hatten, wie unsere Schiefertafeln, einen erhöhten Holzrand, so daß man zwei solcher Wachstafeln mit den etwas vertieften Innenseiten aufeinanderzulegen imstande war. Gewöhnlich sind diese Täfelchen mit einer Schnur untereinander verbunden, daß man sie aufund zuklappen konnte. Wollte man sie zu brieflicher Mitteilung verwenden, so band man eine Schnur darum, knüpfte die Enden zusammen und preßte ein Stückchen Wachs darauf, in das man das Siegel des Fingerrings eindrückte (Abb. 271).

Zum Eingraben der Buchstaben in die dünne Wachsschicht dienten die Griffel (aus Holz, Eisen, Bronze, Elfenbein oder Knochen). Der Schaft ist oben zugespitzt, unten schippenartig verbreitert, um das Wachs glätten zu können (Abb. 269). Papier und Pergament wurden mit der Feder, manchmal auch mit dem Pinsel beschrieben. Jene, calamus, wurde aus Rohr zugeschnitten. Daneben kamen Metallfedern, d. h. aus Bronzeblech hergestellte Schreibröhren, vor, die am oberen Ende wie die Pflanzenrohrfeder zugeschnitten sind. Zum Aufbewahren des Schreibgerätes dienten Köcher oder Büchschen. Zum Zeichnen bediente man sich der Ziehfeder, die zwei parallele Schenkel zeigt, an denen sich ein Schieber befindet, der eine Verengerung oder Verbreiterung des zur Aufnahme der Tinte bestimmten Zwischenraumes zwischen den spatenförmigen Spitzen ermöglicht. Zahlreich finden sich auch die Zirkel mit

Abb. 269. Römische Schreibgeräte.
Zirkel, Griffel, Tintenfaß, Bronzefeder mit Löffelchen zum Umrühren der Tinte, Ziehfeder.

verstellbaren Schenkeln. Beim Schreiben wurden sie zum Abmessen der Zeilen benutzt. Die Tintenfässer waren aus Holz, Ton oder Metall, auch solche mit doppelten Behältern für schwarze und rote Tinte kommen vor (Abb. 269). Vielfach werden auch mit Hilfe eines spitzen Gegenstandes Namen und kurze Mitteilungen auf Tongefäße und andere Gegenstände aus Ton, Me-

Abb. 270. Bauinschrift eines Wachtturms bei Hesselbach i. B.

tall, Holz, Bein u. ä. eingeritzt; solche Schriften nennt man Graffiti. Die Namen zeigen wohl meist den Besitzer an oder den Inhalt eines Gefäßes, sein Gewicht u. a. (Abb. 273 2, 3, 6).

Die Buchstaben gehören teils der Uncialschrift an, deren Buchstaben unseren gedruckten großen lateinischen Buchstaben gleichen (Abb. 270, 272), teils der Kursivschrift, die, aus jener entstanden, zum

schnelleren Gebrauch die Form der Buchstaben mehr oder weniger geändert hat und die Schriftzeichen meistens untereinander verbindet (Abb. 273 7).

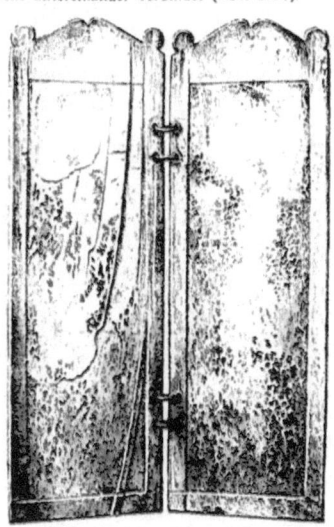

Abb. 271. Römische Schreibtafel.

Die Inschriften auf Stein oder Metall bei öffentlichen Denkmälern, Grabsteinen usw. haben alle die großen Uncialbuchstaben (Abb. 273 5). Bemerkt mag noch

Abb. 272. Bauinschrift eines Kastells bei Neckarburken.
(Nach Fritsch, Baden in römischer Vorzeit.)

werden, daß die Buchstaben mancher Stempel für Ziegel oder Münzen zeigen, daß die Römer schon die beweglichen Lettern kannten. Einzelne Buchstaben aus Eisen, oft an einer Handhabe befestigt, dienten vorwiegend als Brennstempel (Abb. 275 c).

Abb. 273. Römische Schrift.
1. Vergoldete Bronzebuchstaben (Schierenhof).
2. Auf einer Schüssel (Straßburg): C. Juli Primigenii quonam.
3. Auf einer Schüssel: Secund ... Lagona.
4. Von einer Felswand bei Wallerfangen: Incepta officina Emiliani nonis Mart. Der Stollen des Aemilianus wurde am 7. März in Betrieb gesetzt.
5. M(arco) Aurelio Antonino, Caesari, Imp(eratori) destinato, Imp(eratoris) L(ucii) Septimi(i) Severi Pertinacis Aug(usti) fillo, resp(ublica) Aqu(ensis). Eine Huldigung für den Kronprinzen, dargebracht vom Bezirk mit dem Vorort Aquae, auf einer Ehrentafel, die wohl am Rathaus angebracht war, vom Jahre 197 in Baden-Baden.
6. Auf einer Henkelurne: PXVIIS = Pondo VII Semis 5,560 7g = dem Gewicht der Urne (der Wein wurde mit dem Kruge gewogen).
7. Heizkachel (Mainz), Inschrift vor dem Brand eingeritzt: Ammius Saturninus rusticus de suo peculio histud scribsit = der Bauer A. S. hat (diesen Bau) aus seinem Vermögen (erbaut und) dieses geschrieben.

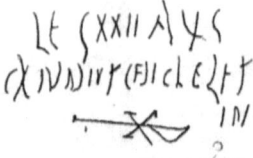

Abb. 274. Graffito auf einem Röhrchen (Saalburg).

Über das germanische Schriftwesen, vornehmlich über die Runen (Abb. 276), herrscht noch keine Klarheit. Wahrscheinlich, meint Steinhausen, sind diese Runen, über deren Ursprung und Bedeutung viel gestritten ist, als Schriftzeichen, die der jüngeren Form des lateinischen Alphabets entsprechen, aber durch das Einschneiden in Holz zu eckigen Formen umgestaltet wurden, „erst in historischer Zeit, vielleicht durch Vermittlung der Kelten, von den Römern zu den Germanen gekommen und hier von Stamm zu Stamm gewandert". Es wird indessen auch eine frühere Übernahme des griechischen Alphabets von Osten her für möglich gehalten. Die neueste Ansicht, es liege eine bewußte Übertragung des lateinischen Alphabets durch einen einzelnen genialen Südgermanen vor, der es dann für seine Volksgenossen adaptierte, ist ganz ungeschichtlich gedacht. Nach Mogk hat Rune ursprünglich die Bedeutung Zauberbild. Als man dann die römischen Schriftzeichen „als magische Zeichen beim Zauber mitverwandte, ging das Wort Rune vom Zauberbild auch auf das Zeichen über und hat dann von hier aus besonders in der nordischen Dichtung der Wickingerzeit

Abb. 275. Römische Schrift.
a Bronzetäfelchen mit dem Namen des Soldaten zur Bezeichnung des Eigentümers (Regensburg), b Bronzetäfelchen zur Befestigung an einem Weihgeschenk (Trier), c Brennstempel (Rinschheim i. B.), d Bronzesiegel.

sich inhaltlich erweitert". Jedenfalls hat man jene Schriftzeichen unverstanden zu Zauber und Weissagung verwandt. Zu Schriftzwecken, zunächst zu Inschriften auf Steinen, Geräten, Waffen, sind sie erst

Abb. 276. Runenalphabet.

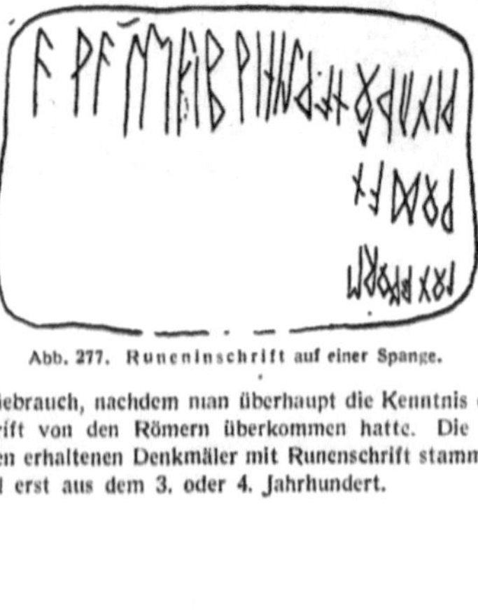

Abb. 277. Runeninschrift auf einer Spange.

in Gebrauch, nachdem man überhaupt die Kenntnis der Schrift von den Römern überkommen hatte. Die ältesten erhaltenen Denkmäler mit Runenschrift stammen wohl erst aus dem 3. oder 4. Jahrhundert.

Unsere Wagen gehen auf die römischen Wagen zurück, von denen die einarmige oder **Schnellwage** nicht weniger gebräuchlich als die zweiarmige war. Jene besteht „aus einem meist bronzenen Balken, an dessen Ende in Ketten die Wagschale hängt, während unweit davon an einer zweiten Kette ein Haken als Handhabe dient. Auf dem Rest der Stange sind Einteilungen ein- Früchten, Tieren u. a. sind gefunden worden (Abb 280), meist aus Stein, Bronze oder Blei. Das Pfundgewicht (libra, pondo) betrug 369,2 g.

Abb. 279. Ein- und zweiarmige Wagen.

Abb. 278. Römische Schnellwage mit Gewicht (Saalburg).

graviert, welche die nach außen stärker werdende Schwere bzw. den Gewichtsdruck verzeichnen, welche ein auf diesem Balken hin- und herschiebbares Hängegewicht als Gegengewicht gegen die Wagschale und ihren Inhalt verursacht" (Forrer) (Abb. 278, 279). Sehr praktisch ist, daß bei vielen dieser Wagen der Wagebalken nach oben wie nach unten einen Haken hat, wodurch man, je nachdem man den einen oder anderen Haken benutzt, leichtere oder schwerere Stücke abwiegen kann. Dementsprechend hat auch der Wagebalken auf jeder Seite eine andere Gradeinteilung. Auch Gewichte in allen Größen und mannigfachen Formen wie Köpfen,

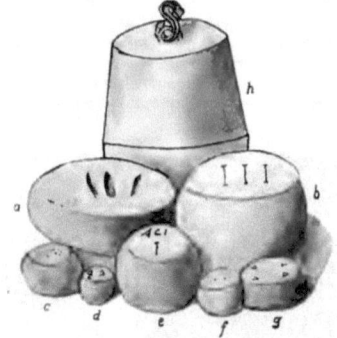

Abb. 280. Römische Gewichte.
a 987 g, b 970 g, c 324 g, d 107 g, e 309 g, f 50 g = 2 Unzen, g 109 g = 4 Unzen ⅓ röm. Pfund. h 6,4 kg = 20 röm. Pfund.

Abb. 281. Der jüngere Drusus, Sohn des Kaisers Tiberius.
Drusus Caesar Ti(berii) Aug(usti) f(ilius) Div(i) Aug(usti) n(epos).

Abb. 282. Germanicus, Sohn des Drusus.
Germanicus Caesar (Ti(berii) Aug (usti) f(ilius) D(i)vi Aug(usti) n(epos).

Abb. 283. P. Quinctilius Varus. Zwölf Jahre bevor Varus nach Deutschland kam, war er Prokonsul von Afrika und ließ in der Stadt Achulla Münzen mit seinem Bilde prägen.
P. Quinctili Vari Achulla.

Abb. 284. Trajan.

Abb. 285. Hadrian.

Abb. 286. Marc Aurel.

Münzen.

Für Handel und Verkehr war die Benutzung des Geldes unerläßlich. In den Provinzen diente natürlich hierzu die römische Währung, und groß sind die Gesamtfunde römischer Münzen, zahllos die Einzelstücke, die der Erde enthoben wurden (Abb. 281—287). Die Grenzgermanen bedienten sich gleichfalls des römischen Geldes,

Imp(erator) C(aesar) Maxentius P(ius) F(elix) Aug(ustus).
D(ominus) n(oster) Constantinus (Max(imus) Aug(ustus).
Fig. 287. Maxentius und Konstantin I.

vornehmlich des Silbergeldes; es wird berichtet, daß sie die am Rande eingekerbten, vollwichtigen Silberdenare besonders liebten. Von der Verwendung des Geldes bei den Innergermanen wissen wir nichts Bestimmtes.

Die größeren Goldfunde auf germanischem Gebiet gehören der späteren Kaiserzeit an und stammen aus Beutezügen.

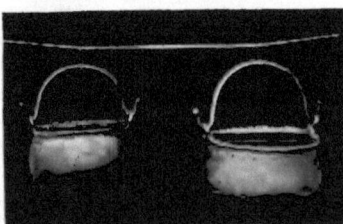

Abb. 288. Bronzeeimer (Saalburgmuseum).

Unter den Metallgeräten des römischen wie germanischen Haushaltes kommen häufig die Bronzeeimer vor, die oft mit schmalen Reliefstreifen geschmückt sind. Ursprünglich stammen sie aus kelti-

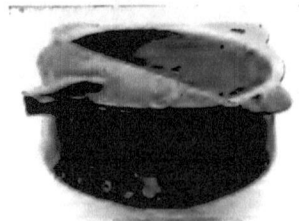

Abb. 289. Bronzekessel mit Deckel (Wiesbaden).

schen Fabriken, dann aus italischen, besonders Capua, zuletzt entwickelte sich vornehmlich am Niederrhein eine ausgedehnte Industrie, deren Erzeugnisse vorwie-

gend nach dem Norden gingen. In Gressenich, Koblenz und Mainz waren Bronzefabriken. Es wurden Kessel, Kasserollen, Eimer, Becken, Kannen, Siebe und Kellen angefertigt. Verwendet wurden die Bronzeeimer wohl in erster Linie, um Wein oder das einheimische Getränk hineinzufüllen (Abb. 288, 289).

Abb. 290. Römisches Holzfaß, gef. in Mainz.

Daß Kaiser Probus (um 280) der Begründer des Weinbaues im Norden gewesen sei, ist durch die Funde widerlegt worden. So zeigen Küferwerkzeuge und Rebmesser (Abb. 292), die mit Münzen des 2. Jahrhunderts zusammen an der Mosel gefunden wurden, daß schon vor jener Zeit dort Wein gebaut wurde. Von Gallien aus, wo er bereits im 1. Jahrhundert unserer Zeitrechnung gepflanzt wurde, breitete er sich wohl schon früh in der rheinischen Provinz aus; doch haben wir keine Zeugnisse für die Weinkultur jener Zeiten im freien Germanien. Jedenfalls ersehen wir aus den Schriftstellern, daß die Germanen bald Gefallen an dem berauschenden Getränk fanden, und die germanischen Söldner in den

Abb. 291. Faßtransport.

römischen Standlagern und Kastellen maßen dem Händler, caupo, der den Wein brachte und verkaufte, eine solche Bedeutung bei, daß dieser für sie der Kaufmann schlechthin und daß Weinhandeltreiben, cauponari,

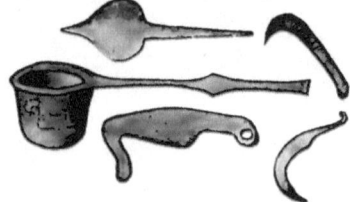

Abb. 292. Heber, Weinseihe, Rebmesser.

zu Handeltreiben (kaufen) wurde. So sehen wir schon im 2. und 3. Jahrh. am Rhein und in der Wetterau Weinbau. „Das Klima dieses gesegneten Landstriches stand dem italienischen schon damals näher als das irgendeiner anderen Gegend des Nordens, die dort an der Grenze aufgehäuften Truppen bedurften großer Mengen geringwertigen Weines, und auch die Veteranen, die sich nach ihrer Dienstzeit dort ansiedelten,

Abb. 293. Fränkisches Trinkhorn aus Glas.

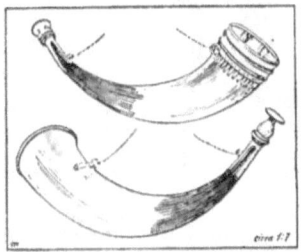

Abb. 293a. Germanische Trinkhörner.

waren des Weines gewohnt und verstanden sich auf die Kultur der Rebe. Als dann die fränkischen und alamannischen Krieger sich der römisch-gallischen Meier-

Abb. 294. Silbernes Gefäß (Hildesheimer Silberfund).

höfe und Weinberge bemächtigt hatten, lernten sie von den ihnen nun unterworfenen Kolonen die Kunst des Weinbaues und der Weinbehandlung" (Seiler). Auf-

Abb. 295. Silbernes Gefäß (Hildesheimer Silberfund).

bewahrt wurde der Wein in den großen Tonamphoren, die, oft unten spitz zulaufend, in den im Keller aufgeschütteten Sand gestellt wurden (Abb. 209), oder in

Holzfässern, die die Römer anscheinend erst von den Alpenvölkern kennenlernten (Abb. 290, 291). Zum Abziehen, Mischen und Aufbewahren des Weines während des Trinkens dienten die erwähnten schönen Bronzegefäße. Bronzeseiher reinigten das Getränk von dem Bodensatz (Abb. 292). Kannen, Gläser, Becher, Schalen, in den

Abb. 296. Silberner Mischkessel (Hildesheimer Silberfund).

mannigfachsten Formen, mit Silber und anderem Metall beschlagen, Stierhörner sowie Trinkhörner aus Glas waren für den Weingenuß bestimmt (Abb. 293).

Neben dem Wein wurde als einheimisches Getränk das dem heutigen gleichnamigen Gerstensaft wenig ähnliche Bier, der aus gesottenem und zur Gärung gebrachtem Honigwasser hergestellte Met und der aus den germanischen Holzäpfeln gewonnene Äpfelwein genossen. Dem Bierbrauer, cervesarius, begegnen wir auf Inschriften.

Abb. 297. Eimer (fränkisch, Niederursel). (B. Müller, Bilderatlas).

Gefäße aus Silber stammen fast durchweg aus italischen Fabriken; die schönsten gehören zum sog. Hildesheimer Silberfund an, der wohl einst von einem reisenden Kaufmann vergraben wurde, nicht aber als

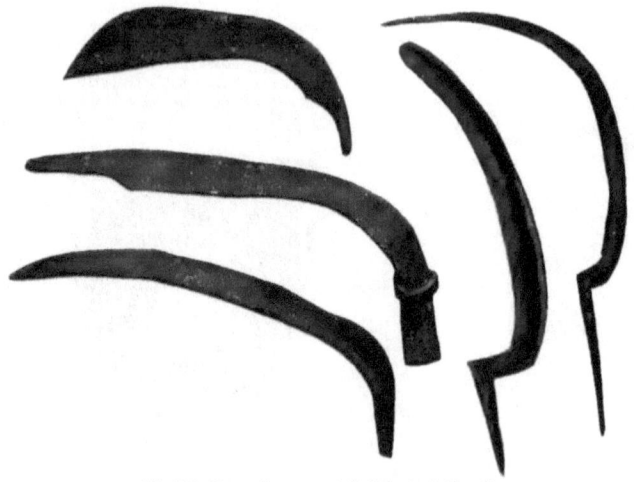

Abb. 298. Eiserne Sensen und Sicheln der Latènezeit.

Auch die Eisenbearbeitung, die die Germanen von den Kelten übernommen hatten, ist vorwiegend Hausindustrie, und der Herr des Hauses schmiedete seine Speer- und Pfeilspitzen, seine Schwertklinge und manches andere einfachere Gerät selbst. Das Schmiedehandwerk erfreute sich hoher Wertschätzung. Besonders tüchtige Schmiedekünstler fertigten auch die anderen vielgebrauchten Geräte an, die der Haushalt, die Landwirtschaft und der Krieg erforderten. Da finden wir vielfach die Sensen und Sicheln (Abb. 298), die schon in der Bronzezeit die gleiche Form hatten, die starke Pflugschar, wie die feinschneidigen, zuerst

Beutestück eines germanischen Fürsten oder Tafelgeschirr eines römischen Offiziers anzusehen ist (Abb. 294—296).

Die Geräte des germanischen Haushalts waren jedenfalls wenig mannigfaltig und recht einfach. Ein Teil der Eß- und Trinkgeräte war aus Holz angefertigt, so Becher, Näpfe, Teller und Löffel. Die Holzbearbeitung stand ja, wie auch das hochentwickelte Zimmerhandwerk zeigt, auf einer hohen Stufe; auch Wagen wurden

halbmondförmigen Rasiermesser, die oft als Schutz eine Holzscheide hatten (Abb. 299 d—f), pinzettenförmige Haarzangen, Scheren, aus zwei Schneiden bestehend. die durch ein federndes Band miteinander verbunden sind (die großen zum Schaf- und Pferdescheren) (a), Schildbeschläge, die Einfassung der Trinkhörner u. a. Auch Schlüssel kommen vor, aber nicht für Türen, sondern für Kasten und Truhen. Sehr oft aber sehen wir, daß das germanische Arbeitsgerät stark von dem der Römer beeinflußt ist, deren hohe technische Kenntnisse und reiche Erfahrung solch zweckmäßige Formen schufen, daß sie noch heute fast unverändert von unsern Handwerkern verwendet werden. In den Waldschmieden der germanischen Wälder rauchten die Öfen, in denen Kupfer und Zinn zu Bronze oder die Erze der heimischen Berge zu Eisen geschmolzen wurden. Auch Silber wurde zu manchen Gegenständen verarbeitet, so zu kunstvoll hergestellten Löffeln, Messern (c) und Scheren (a), wenn in ihnen nicht etwa ausländisches Fabrikat vorliegt.

Schuhe.

Die Sandale, aus einer mit Lederriemen am Fuß befestigten Sohle bestehend, wurde im römischen Germanien wohl nur im Haus, bei trockenem, warmem Wetter auch im Freien getragen. Neben den Ledersohlen verwandte man auch die Holzsohlen. „Alle Sandalen haben die gemeinsame Eigentümlichkeit, daß zwischen der Sohle, die aus verschiedenen Lederschichten besteht, der Riemenhalter · hindurchgeht; auch sind sie meist einballig, d. h. für jeden Fuß besonders angefertigt. Vorne sind sie abgerundet und manchmal genau nach der Zehenstellung geschnitten". (Jacobi). Wo die Riemen über dem Spann zusammenlaufen, sitzt oft eine Zierscheibe, die gern reich ausgestattet wird (Abb. 300 a, b, c).

Abb. 299. Germanische Scheren (a), b—e Messer, d—f Rasiermesser.

vielfach gebaut; anfänglich waren sie plump und zweirädrig, mit schweren Scheibenrädern versehen, später wurden vierrädrige Wagen mit Speichenrädern hergestellt, ebenso auch Schlitten auf Kufen. Bedeutende Kunstfertigkeit setzt auch die Anfertigung hölzerner Gefäße aus Dauben, wie Bottiche, Eimer und Fässer voraus (Abb. 297).

Viele der genannten Gegenstände wurden im Hause selbst verfertigt; naturgemäß ist bei der leichten Vergänglichkeit des Materials nur wenig erhalten.

Abb. 300. Römische Fußbekleidungen (Saalburg).

Abb. 301. Schuhmacherwerkstatt. (Pompej. Wandgemälde.)
Blümlein, Römisch-Germ. Kulturleben.

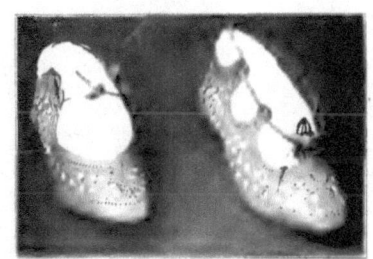

Abb. 302. Kinderschuhe (Saalburg).

Unter den Schuhen finden sich am meisten die aus einem Stück Leder geschnittenen, die den Fuß meist nicht völlig bedecken. „An den in die Höhe ge-

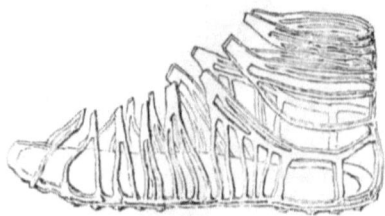

Abb. 303. Römischer Schuh.

bogenen Rändern sind Ohren zum Durchziehen der Riemen ausgeschnitten, die über den Spann kreuzweise gezogen und am unteren Teile des Beins über einem Strumpfe gebunden wurden".

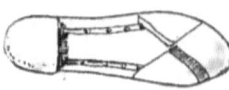

Die eigentlichen Schuhe und Halbstiefel, über dem Leisten gearbeitet, bedecken den ganzen Fuß und entsprechen unseren Schnürschuhen (Abb. 300 d, f). Auch Tuchschuhe mit Ledersohle und Lederbesatz kamen vor. Sehr beliebt sind die Schuhe, bei denen das Oberleder in eine Menge riemenartiger Zungen zerschlitzt ist, durch deren Enden ein sie zusammenziehender Riemen geht, der über dem Spann zur Schleife gebunden wurde (Abb. 300 e, 303).

Abb. 304. Röm. Fußbekleidungen (Genagelte Sohle, Schuh, Holzsohle).

Schmuck.

Die Schmucksachen wurden vorwiegend aus Bronze hergestellt, kostbare Stücke aus Edelmetall.

Am zahlreichsten vertreten sind die Gewandnadeln, fibulae (Abb. 306). Sie zerfallen in die Nadel, die federnde Spirale, den Bügel und den Fuß, der mit dem Nadelhalter verbunden ist. Überaus mannigfaltig ist die Form der Fibeltypen. Die einfachste Form deckt sich mit der unserer Sicherheitsnadeln. Mehr Schmuckstück ist schon die Armbrustfibel, ebenso die Scheibenfibel, kenntlich an einer Zierscheibe. Von besonderer Form ist die Fibel mit dem Hakenkreuz, einem bei vielen Völkern vorkommenden, anscheinend religiösen Symbol. Zum militärischen Schmuck gehörten kunstvolle Bronzebeschläge wie Abb. 305.

Fibula heißt auch die gleichen Zwecken dienende Schnalle mit einer beweglichen, spitzen Nadel oder Dorn; auch hier muß man die Mannigfaltigkeit der Formen bewundern.

Halsringe sind seltener als Halsketten, die oft aus Glasperlen in allen Farben, aus Horn, Bronze u. a. gebildet sind. Manchmal sind Anhänger daran befestigt, besonders gern Amulette.

Armbänder und Armringe sind häufig (Abb. 307).

Fingerringe bilden einen oft vorkommenden Schmuck, die Verwendung von Gold und Silber dazu war nicht so verbreitet wie bei uns, weil das Tragen goldener Ringe geraume Zeit auf gewisse Kreise beschränkt war. So ist denn eine große Zahl von Ringen aus Bronze und Eisen hergestellt. In der Form sind sie meist einfach und ähneln unsern Trauringen, manchmal trifft man auch eine Form an, die den offenen Armringen, bei denen die beiden Enden nebeneinanderliegen, ähnelt.

Viele der Ringe sind mit einem Stein geschmückt, der vertieft geschnitten ist. Diese geschnittenen Steine, Gemmen, dienten auch zu einem praktischen Zweck, nämlich zum Siegeln, indem man sie in ein Stückchen Wachs eindrückte. Zu den Gemmen wurden vorwiegend Halbedelsteine, häufig aber auch Glaspasten verwendet.

Eine besondere Art von Ringen waren die Schlüsselringe, bei denen an der abgeflachten Seite des Ringes ein senkrecht zu diesem stehendes Schlüsselchen angeschmiedet ist, das zum Verschluß eines Kästchens, einer Schatulle u. dgl. diente (Abb. 309).

Abb. 305. Röm. Bronzebeschlag. (Inschr.: Optime maxime (Juppiter) con(serva) numerum omnium militantium, d. h. Bester, höchster (Juppiter), schirme die Schar aller Streiter!) (Kastell Zugmantel.)

Abb. 306. Römische Gewandnadeln und Schnallen, fibulae.

Von andern Ringen seien die in Schlangenform erwähnt, ferner solche mit Aufschriften, wie: Escipe, si amas, si non amas, remitte, d. h. nimm mich an,

die nicht in solcher Menge wie bei unserer modernen Kleidung getragen wurden. Auf ihre Ausstattung wurde, wenn man von den gewöhnlichen Horn-, Bein- und Bronzeknöpfen absieht, besonderer Wert gelegt. Ihre Scheibe war daher oft reich mit Emailleschmuck versehen. So haben diese Knöpfe große Ähnlichkeit mit unseren Manschettenknöpfen.

Abb. 307. Römische Schmucksachen.
1 Halsring, 2, 3 Armringe, 4 Ohrring, 5 Fingerring (Saalburg).

wenn du mich liebst; wenn nicht, so schicke ihn zurück. Concordia nostra perpetua sit, d. h. unsere Eintracht sei dauernd.

Zu den Schmucksachen gehören auch die Knöpfe,

Abb. 308. Fibel aus Ristissen (Württemberg).
(Inschr. Spes amor si me amas. Meine Hoffnung ist die Liebe, wenn du mich liebst.)

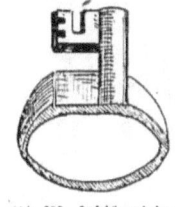

Abb. 309. Schlüsselring.

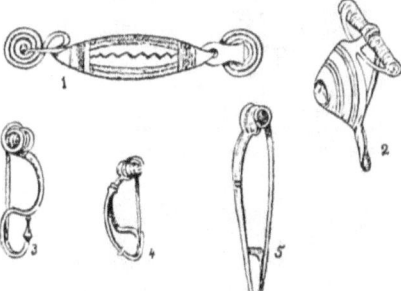

Abb. 310. Fibeln der älteren und jüngeren Eisenzeit (Sprater).

Auch bei den Germanen bildete die Gewandnadel nicht nur einen wichtigen Gebrauchs-, sondern auch mannigfach gestalteten Schmuckgegenstand, der den Mantel und das Frauengewand zusammenhielt. Schon in der ältesten Bronzezeit finden sie sich und zeigen mannigfache Ausgestaltung; so unterscheidet man auch hier die Armbrustfibel (Abb. 311 oben, Mitte), die Augenfibel (oben links), die Kopffibel, wo das untere Bügelende einen Knopf hat und das

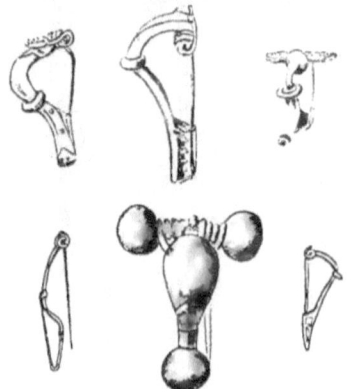

Abb. 311. Germanische Fibeln.

obere in einen dicken Kopf ausgeht (oben rechts), die Kniefibel, die Scheibenfibel, bei der die Nadel auf der Rückseite einer runden Scheibe angebracht ist, u. a.

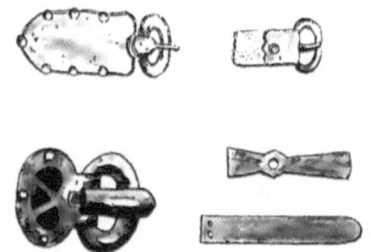

Abb. 312. Germanische Gürtelschnallen und Riemenzangen.

An Stelle der Haken, die früher den Ledergürtel zusammenhielten, tritt die Schnalle, ein runder oder ovaler Ring mit beweglichem Dorn. An der Seite,

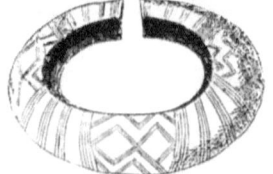

Abb. 313. Bronzearmring von Winden.

an der sich der Dorn bewegt, ist auch der Riemen des Gürtels befestigt; manchmal ist an der Schnalle ein

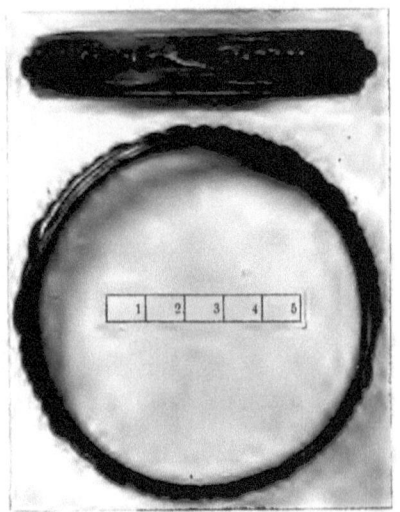

Abb. 314. Glasarmband.

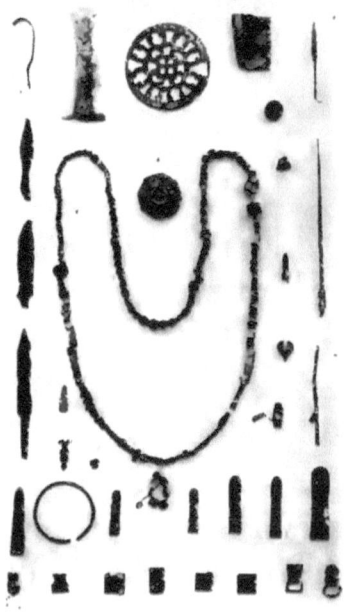

Abb. 315. Kamme, Schmuck u. a. aus einem fränk. Grab. (Gonzenheim.)

Beschlag aus Metall, das am Riemenende festgenietet ist (Abb. 312).

Die Sitte, Halsringe und Ringe am Ober- und Unterarm zu tragen, wurde von den Frauen auch nach dem Eindringen der Römer beibehalten. Deren Händler

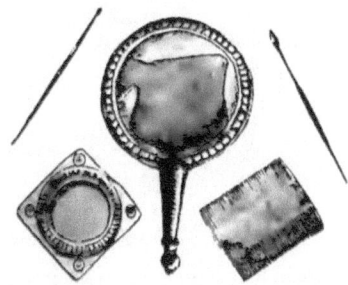

Abb. 316. Röm. Spiegel, Haarnadeln und Kamm.

sorgten auch für Halsketten aus Metall, Schnüre aus Glasperlen, Bernstein, Kristallen oder buntfarbigen Tonperlen. Für die schon früher beliebten Ohrringe und Anhänger gab es neue Formen.

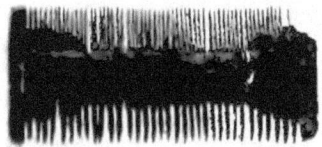

Abb. 317. Fränkischer Kamm aus Bein (Niedernursel).
(B. Müller, Bilderatlas.)

Spiegel wurden teils aus glänzendem Metall hergestellt, teils aus Glas mit Metallunterlage; von den letzteren sind besonders bemerkenswert diejenigen, die einen Metallrahmen und konvexes Glas haben, ähnlich den Uhrgläsern, das mit einer Zinnfolie unter-

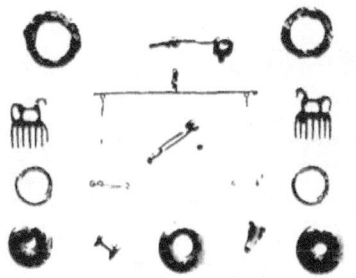

Abb. 318. Aus einem Brandgrab der Laténezeit (Fechenheim bei Frankfurt a. M.) Wage, Kämmchen, Glasringe u. a.
(B. Müller, Bilderatlas.)

legt ist, die dadurch hergestellt wurde, daß in der gleichmäßig erhitzten Glasschale das Metall flüssig gemacht und gleichmäßig verteilt wurde; auf der Saalburg fand sich auch ein Spiegel, der eine dünne mit einem Harz auf dem Glas festgehaltene Goldfolie besitzt (Abb. 316).

Kämme, den modernen ähnlich, kommen aus Metall, Holz und Bein vor (Abb. 315—318).

Zur Frauentoilette der Römer und Germanen gehören die Nadeln zum Aufstecken des Haares, vornehmlich aus Horn und Bein gedreht, oft mit einem Knopf am oberen Ende (Abb. 316).

Abb. 319. Germ. Radnadel.

Im Bad wurde der Schaber, strigilis, verwendet; er hat eine sichelförmige Schaufel mit einer Rinne und einem Griff, oft mit Loch zum Aufhängen an einem Riemen oder einem Schlitz, durch den man vier Finger steckte.

Spiele.

Das Würfelspiel liebte der Römer leidenschaftlich, Kaiser Augustus spielte mit Vorliebe „Gleich und Ungleich", der Kaiser Claudius verfaßte sogar eine Schrift über die Kunst zu würfeln, und eine der ältesten christlich-lateinischen Schriften eiferte sich über das Laster des Würfelspiels. Es gab unzählige Arten desselben. Abb. 320 zeigt einen Würfel, dessen Gegenseiten sich zu 7 ergänzen.

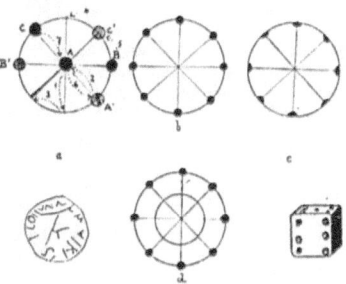

Abb. 320. Röm. Brettspiele, Spielmarke, Würfel.

Nicht minder beliebt waren die Brettspiele; so gab es ein ludus latrunculorum, unserem Belagerungs- oder Kriegsspiel nicht unähnlich, dann ein „Zwölflinienspiel", eine Vereinigung von Würfel- und Brettspiel, ferner mannigfaltige Mühlespiele (Abb. 320 a—d). Zu jedem Spiele gehören 3 Steine, die man in eine gerade Linie zu setzen sich bemühen muß, z. B. Schwarz beginnt, und nun setzen die Spieler abwechselnd AA', BB', CC'. Nun muß gerückt werden; nach 6 Zügen wird bei Fig. a z. B. Schwarz mit dem 7. Zuge gewonnen haben. *d* dürfte eine Erweiterung dieses Spieles sein, zu dem nun je 6 Steine benötigt wurden.

An unser Dambrett erinnert ein auf einen Dachziegel eingeritztes Spielbrett, das 9 × 9 Felder aufweist (Abb. 321).

Auf ein anderes Spiel weisen die 6 Fischchen aus Bein mit Zahlzeichen hin, die in einem Grab bei Trier gefunden wurden.

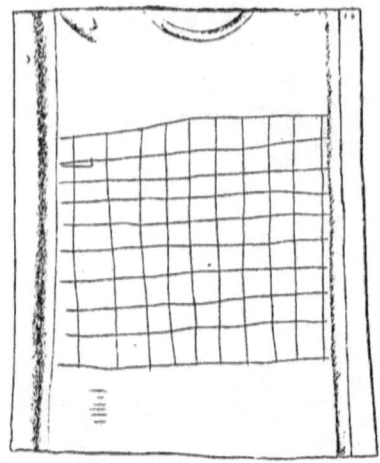

Abb. 321. Römisches Spielbrett auf einem Dachziegel.

Daß die Soldaten eifrig dem Spiel huldigten, beweisen die Hunderte von Spielsteinen, die in den Kastellen gefunden wurden; sie sind hergestellt aus Böden von Ton- oder Glasgefäßen, deren Rand abgebrochen und glattgeschliffen ist, aus Schiefer, Stein u. a. Knöpfe zu Spielzwecken aus Glasfluß, verschiedenfarbig und verschieden groß, kommen auch oft vor.

Nach Tacitus war der Germane ein so eifriger Verehrer des Würfelspiels, daß er alle Habe, auch die Frau, ja sogar seine eigene Person und seine Freiheit auf den letzten Wurf setzte. So ist es nicht zu verwundern, daß unter den Funden auch oft Würfel

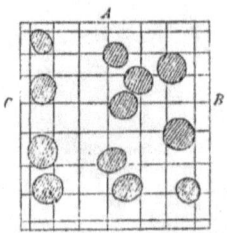

Abb. 322. Spielbrett mit Spielsteinen. (Griech.)

vorkommen; sie sind meist kubisch, manchmal auch länglich und abgekantet, auch die Verteilung der Augen weist Verschiedenheiten auf. Beliebt waren auch die Brettspiele, die vielleicht von den Römern importiert sind. Ein Stück eines solchen Spiels zeigt Abb. 323.

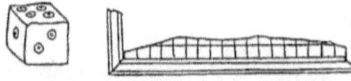

Abb. 323. Germ. Würfel und Brettspiel (Bruchstück).

Wir haben hier 35—50 cm im Quadrat große Holztafeln, die von einem Rahmen umschlossen sind. Auf der einen Seite sehen wir quadratische Felder von 2—2,5 cm Seitenlänge, auf der anderen Seite um den Rand runde Felder, größere und kleinere und Halbkreise. Zu solchen Spielen gehören die Spielsteine, die vielfach vorkommen; sie sind aus Glas, Bernstein, Knochen oder Stein, unten flach, oben leicht gewölbt, von runder Form und gewöhnlich in zwei Farben.

VII. Kultwesen.

Begräbnis.

Der Körper des Entschlafenen wurde bei den Römern gewaschen, mit wohlriechenden Salben und Spezereien gepflegt und mit einer neuen Toga bekleidet. Danach wurde er bis zur Bestattung aufgebahrt. Am Bestattungstage wurde der Leichnam in einen offenen Holzsarg gebettet und auf einer Tragbahre zur letzten Ruhestätte gebracht. Die Angehörigen und Freunde des Verstorbenen bildeten den von Flötenbläsern eröffneten und von Fackelträgern geleiteten Trauerzug, der sich nach dem Grabe oder nach dem Scheiterhaufen bewegte. Bis gegen Ende des 2. Jahrhunderts n. Chr. war Verbrennung, von da an — in der späteren Zeit namentlich infolge christlichen Einflusses — Begräbnis üblich. Der Scheiterhaufen war durch ringsum gesteckte Zypressen oder Fichten umkleidet, um den Leidtragenden den schauerlichen Anblick der Verbrennung zu entziehen. Sobald die Leiche in ihrem Sarge auf den Holzstoß gehoben war, wurden Kränze, Blumen, Schmucksachen und andere Gegenstände, die dem Toten im Leben wert und teuer gewesen waren, daraufgeworfen und die Leiche mit Weihrauch, Salben und duftenden Ölen übergossen. Die nächsten Angehörigen steckten sodann mit abgewendetem Antlitz den Scheiterhaufen durch Fackeln in Brand, während gleichzeitig Trauergesänge

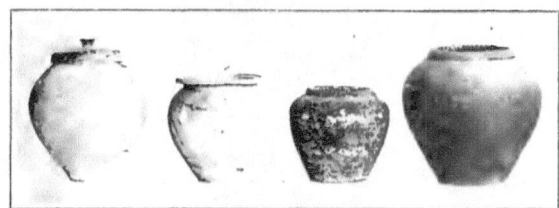

Abb. 324. Aschenurnen der älteren Kaiserzeit aus Straßburg.
(Nach Forrer, Das römische Straßburg.)

ertönten. Nachdem das Feuer niedergebrannt war, löschte man die glühende Asche und sammelte unter Anrufung der Manen des Abgeschiedenen die übriggebliebenen Knochenreste, mit Wein und Milch, Gewürzen und wohlriechenden Essenzen vermischt, in eine Aschenurne (Abb. 324, 327).

Kenntlich war das einfache Einzelgrab an einem Erdhügel, der oft mit einem Grabstein, cippus, geschmückt war. Bei den römischen Grabsteinen am Rhein und Donau hat er gewöhnlich die Form eines Rechtecks, auf dessen oberer Schmalseite ein gleichschenkliges Dreieck aufgesetzt ist (Abb. 326). In den Donaugegenden hat der Cippus oft die Form eines kleinen Tempels mit Pilastern, die Gebälk und Giebel tragen. Der untere Teil eines solchen Steines steckt in der Erde oder in einem gemauerten Sockel. Darüber kommt die Inschrift. Über ihr ist meist eine nischenartige Vertiefung, die oben abgeschlossen wird durch einen Giebel. Die Nische zeigt häufig das Bild des Toten in ganzer, fast rund herausgearbeiteter Gestalt. War er ein Soldat, so sehen wir ihn bald zu Fuß (Abb. 131, 132, 175),

Abb. 326. Grabstein des gallischen Reiters Adbogius (Mannheim).

Abb. 327. Amphora als Aschenbehälter.

bald zu Pferd (Abb. 169), bald im Kampf (Abb. 147, 187, 190, 325). Manchmal findet sich unter der Darstellung des Toten noch ein Bildstreifen, der ihn nochmals zu Pferd oder das Pferd allein, geführt von einem Knecht, zeigt. Beliebt ist auch die Darstellung des Totenmahls, wo wir den Verstorbenen in Zivilkleidung

Abb. 325. Grabstein des Andes (Mainz), unter dem Pferd ein Germane.

beim Mahl sehen, auf einem Speisesofa ruhend, oder zwei Aufwärter bedienen ihn.

Neben den Soldaten und Beamten ließen sich auch die Bauern, Handwerker und andere Zivilisten Grabsteine setzen; letztere lassen oft die Werkzeuge ihres Berufs anbringen (Abb. 328 c); auch finden sich Reliefs mit Jagddarstellungen, Kaufladen, Tuchgeschäft.

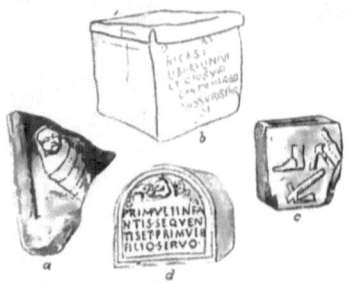

Abb. 328. Römische Grabsteine.
a eines Säuglings (Inschrift: D. M. Aeliolae — der kleinen Aelia), b Bleikiste mit der Asche des Freigelassenen Nicasius, c eines Schuhmachers, d eines kleinen Kindes (mit Hund und Spielzeug).

Ferner haben wir Grabsteine eines Schiffers, eines Hirten, Getreidehändlers, Geldwechslers. Manchmal erfahren wir den Preis des Grabdenkmals; so setzte die Vindelikerin Cejona ihrem Vater ein Denkmal für 6000 Sesterzen (1200 M.), ein Tribun in Augsburg errichtete seiner Tochter ein solches für 1600 Sesterzen (320 M.).

Abb. 330. Efchelstein (Mainz).

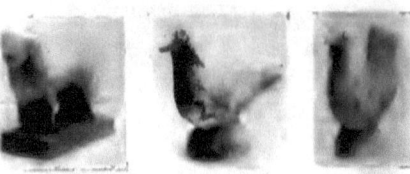

Abb. 331. Tierfiguren (Spielzeug aus Gräbern, Heddernheim).
(B. Müller, Bilderatlas.)

Weit wirkungsvoller sind die Grabbauten von obelisken- oder turmartiger Form, man kann sie fast als eine Eigentümlichkeit der Provincia Belgica und der beiden Germanien bezeichnen, am bekanntesten sind die von Igel und Neumagen.

Abb. 332. Einfache Soldatengräber.

Die Igeler Säule (Abb. 329), ein Grabmal der Secundinier, wohlhabender Kaufherren, ist ein 24 m hoher und unten 5 m breiter Sandsteinbau. „Eigenartig ist schon der architektonische Aufbau dieser Grabtürme mit ihrem pyramidenförmigen Schuppendach; auf einem viereckigen Sockel bauen sich diese Steintürme in mehreren, durch kräftige Gesimse getrennten und von Pilastern flankierten Stockwerken auf" (Cramer). „An den Stufen finden wir die Seetiere und Tritonen wieder, an den Pfeilern Amoretten, Giganten, Satyrn u. a.; Schlangen-

Abb. 329. Sog. Igeler Säule.

Abb. 333. Brandgrab (Rheinzabern).

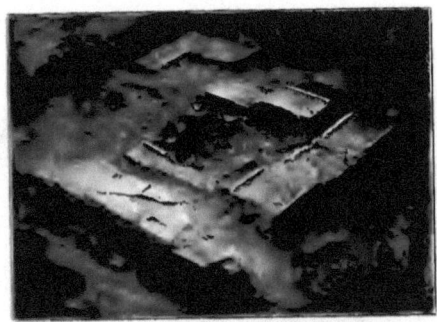

Abb. 336. Krematorium (Rheinzabern).

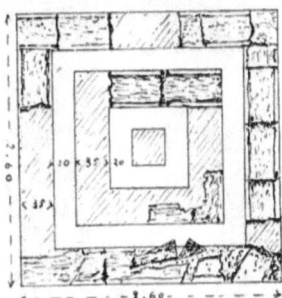

Abb. 337. Fundament des Krematoriums (Rheinzabern).

Abb. 334. Brandgrab aus fünf Ziegelplatten (Rheinzabern).

Abb. 335. Grab mit Aschenurne aus Glas (Trier).

Abb. 338. Ziegelplattengrab (Rheinzabern).

füßler vertreten die Eckvoluten des krönenden Kapitäls; im Giebel haben wir Sol und Luna, an der Rückseite einen Amor, der zwei Greifen bändigt. Neben diese Figuren treten mythologische Szenen. An der Vorderseite des Hauptteils steht über der Inschrift die Familie, der das Monument gehört. Sie leitet hinüber zu den Szenen des Alltagslebens, die die weiteren Friese und Felder füllen. Da finden wir den Kahn, der, von Knechten am Ufer gezogen, die Warenballen den Fluß hinaufführt, den Lastwagen mit drei Maultieren bespannt, der sie zum Hoftore hinaus über Land führt, die Maultiere, die sie mühsam auf steilem Pfad über das Gebirge tragen. Wir werden ins Kontor des Großhändlers geführt und sehen die „Heimarbeiter" die von ihnen gewebten Tücher abliefern und die Schuldner Zahlungen leisten. Wir sehen die Knechte dabei, den Ballen mit Hebelkraft fest zusammenzuschnüren. Bauern kommen auf den Gutshof und liefern die Naturalien, Fische, Wild, Früchte ab. In die Küche blicken wir, wo zwei Köche am Herd arbeiten, während ein anderer in einer Schüssel Teig knetet, wieder ein anderer auf dem Tisch mit dem Messer Speisen anrichtet usw." (Dragendorff).

Abb. 339. Steinsarg mit Frauenskelett mit völlig erhaltenen Zöpfen (Rheinzabern).

Auch der Mainzer Eichelstein (Abb. 330), jetzt nur noch ein gewaltiger Steinklotz, war einst ein prächtiges Grabdenkmal, bestimmt, die Leiche des 9 v. Chr. verunglückten Drusus aufzunehmen. Der zylindrische Unterbau war, wie die Engelsburg und das Grab der Cäcilia Metella, mit einem kegelförmigen, adlergekrönten Oberbau versehen.

Die Verbrennung der Toten, wie sie in der Kaiserzeit Sitte war, geschah auf zwei Weisen; so legte man eine etwa metertiefe Grube an, über der man den Scheiterhaufen errichtete, auf den die Leiche mit den gewöhnlichen Beigaben in einem Holzsarg oder auf einem Brett gelegt wurde. Nach dem Niederbrennen fielen die glühenden Holzstücke nebst Asche und Knochenresten in die Grube, deren Wände oft von den brennenden Scheitern rot ge-

Abb. 340. Teil eines Bleisarkophags aus Peffingen. (Trier. Jahrb. III, Tafel II.)

glüht werden. Eine derartige Grabstätte heißt bustum. Manchmal sammelte man auch die Knochenreste in einer Schüssel, einem Teller oder einer Urne, die man in jener stücke beigefügt, bei Kindern Spielzeug (Abb. 331). Waffen findet man in Soldatengräbern selten; sie waren kein Privatbesitz, sondern Eigentum des Staates.

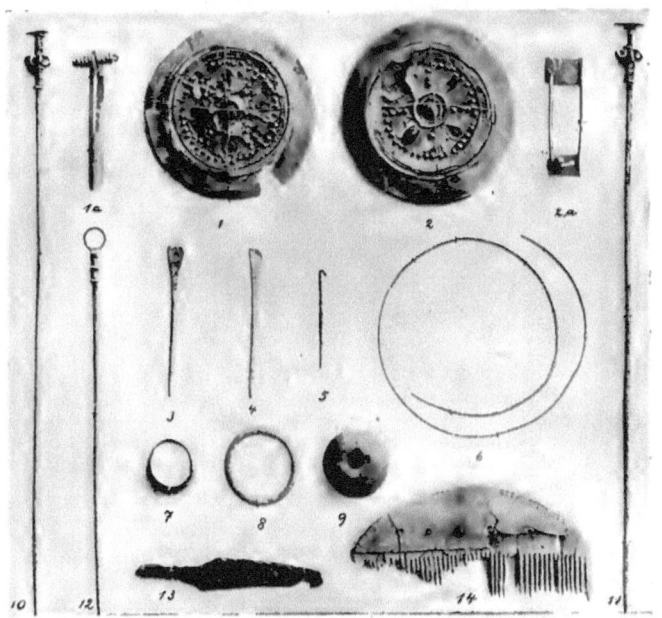

Abb. 341. Germanengrab der späteren Kaiserzeit mit Fingerring, Drahtarmring, Nadeln, Scheibenfibeln, Kamm u. a.
(Spielberg bei Erlbach in Bayern.)

Grube beisetzte. Die erwähnten Beigaben bestanden in einem oder mehreren Krüglein voll Wein oder ähnlichem, einem Gefäß mit Speise, einer Münze oder aus einem Lämpchen; bei Frauen wurden auch Schmuck-

Die zweite Art der Einäscherung fand auf dem Verbrennungsplatz (ustrina) statt. Eine solche zeigt (Abb. 336, 337) zwei im Quadrat herumlaufende Ziegelmauern in 20 cm Abstand. Der dadurch ent-

Abb. 342. Großes Gräberfeld bei Praunheim-Heddernheim.

stehende Kanal sorgt für die nötige Luftzufuhr. Anderwärts finden wir nahe bei der ummauerten Verbrennungsstätte einen Luftschacht, der, erst in die Tiefe gehend, dann wagrecht bis unter die Ustrina zieht und dann wieder zu ihrer Sohle senkrecht in die Höhe steigt.

sich vom Jahr 320 n. Chr. ab nur noch Skelettgräber. Bei dieser Art von Bestattung wurde die Leiche in einer Holzkiste der Erde anvertraut, oder sie wurde (Abb. 338, 346) mit Ziegeln nach Art eines Daches umstellt, oder es wurde eine viereckige, mit Platten gedeckte Ummauerung hergestellt. Die Sarkophage sind oft aus einem einzigen mächtigen Stein herausgehauen und mit einem schweren Deckel aus Stein gedeckt. Das Gewicht beträgt durchschnittlich 20 Ztr. (Abb. 339). In der Nähe von Zabern, Miltenberg und von Grünstadt (Rheinpfalz) müssen förmliche Sargfabriken bestanden haben, denn die Zahl der römischen Steinsärge, die z. B. an letzterem Ort hergestellt wurden, ist geradezu Legion. Auch Bleisarkophage kommen vor (Abb. 340).

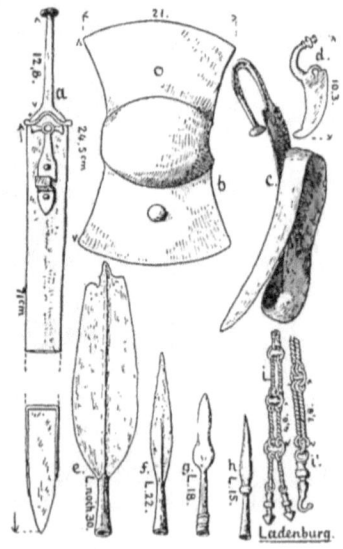

Abb. 344. Grabfund von Ladenburg (Eisenzeit). a c Eisenschwert, b Schildbuckel, d Messerchen, e–h Speerspitzen, i Zierkette aus Eisen.

Die Holzsärge waren in spätrömischer Zeit oft aus Tannenholz und nach dem Kopfende zu verbreitert.

Die Begräbnisstätten lagen, wie in Italien, meist an den Heerstraßen vor der Stadt (Abb. 342).

Von der jüngeren Bronzezeit an bis spät in die Eisenzeit hinein wurden von den Germanen die Leichen verbrannt.

Die Verbrennung geschah in der Weise, daß die Leiche mit den kleinen Beigaben (Fibeln, Messer, Nadeln, Kämme, Rasiermesser, Spinnwirtel, Schlüssel, Scheren, bei Frauen mancherlei Schmuck, wie Halsketten, Schnüre von bunten Glasperlen, außerdem Gefäße mit Speiseresten u. a.) auf einem Scheiterhaufen

Abb. 343. Merovingisches Kriegergrab (Kornwestheim).

In der späteren Zeit, etwa im 3. Jahrhundert, erscheinen auch Skelettgräber, in denen der Tote in Holz- oder Steinsärgen beigesetzt wurde. Später hört die Verbrennung ganz auf, in Regensburg z. B. finden aus Eichen- oder Föhrenholz gebettet wurde, der eine Sandunterlage hatte.

Nach Tacitus wurden dem Krieger die Waffen mit ins Grab gegeben, wenn das Pferd mitverbrannt wurde, auch das Pferdegeschirr (Abb. 343, 344). Oft sind die Schwertklingen aus noch nicht aufgeklärten Gründen zusammengebogen (Abb. 344c). So enthielt das Grab eines friesischen Reiters des 1. Jahrh. n. Chr. den Bronzebeschlag des Reitzeuges seines Pferdes, das anscheinend mitverbrannt worden war, einen Eisensporn, eine Streitaxt, ein Messer und eine Lanzenspitze. Dabei lag noch bronzenes Trinkgeschirr.

In den Gräbern von Germanen in römischem Dienst fehlen die Waffen, da diese als Staatseigentum dem Toten nicht mit ins Grab gegeben werden durften.

Bei der Einäscherung warf man Räucherharz in die Flamme. Aus der Asche wurden die Knochenteilchen ausgelesen und mit den meist sehr beschädigten Beigaben in einer Urne beigesetzt, etwa 40 cm tief, manchmal mit einer Steinplatte überdeckt oder von einigen Steinen umstellt. Neben dieser Urnenbestattung finden sich auch die Brandgruben, in denen die Überreste ohne Urne beigesetzt sind.

Abb. 346. Ziegelplattengrab (Rheinzabern).

Altäre.

Es ist zu unterscheiden zwischen Kultaltären und Votivaltären. Die Kultaltäre sind natürlich die älteren, und aus ihnen sind die Weihaltäre entstanden.

Abb. 345. Hügelgrab im Frankfurter Stadtwald. (Phot. S. Wolff.)

In der prähistorischen Zeit wurde das Grab mit einem Erdhügel (Abb. 345) überwölbt; allmählich nehmen diese Hügelbestattungen ab, und die Urnenfelder kommen auf. Hier sind die Urnen anfangs mit Steinen umpackt und mit einem Deckel oder Stein bedeckt. Eine regelrechte Reihenbestattung auf den Grabfeldern wird immer allgemeiner, dabei werden die Gräber in einer Entfernung von 1 bis 2 m voneinander in Reihen angelegt. Eine kleine Erderhöhung, vielleicht noch durch einen Pfahl kenntlich, bezeichnete die einzelne Grabstätte. Auch hier findet sich bisweilen ein besonderer Verbrennungsplatz etwa 4 × 6 Fuß im Geviert, von Granitsteinen umstellt.

Beide bestehen in der Regel aus Stein, ihr Schmuck in Skulptur aus dem Zierat, den man ursprünglich in natura an ihnen angebracht hatte, wie den Hörnern oder Schädeln der geopferten Tiere, Kränzen, Zweigen, Tänien u.a.m. Ferner aus den bei dem Opfer gebrauchten Utensilien, wie dem Handtuch (mappa), dem Weihrauchkästchen (acerra), der Schöpfkelle (simpulum), den Opfermessern, die meistens in einem Besteck enthalten sind, dem Beil und den Gefäßen, Kannen und Schalen verschiedenster Form (Abb. 347). Dazu kommen endlich die Darstellungen entweder der Gottheiten, denen der Altar gewidmet war, oder ihrer heiligen Tiere und Attribute. So finden wir an Altären, die Juppiter geweiht sind,

Abb. 347. Merkuraltar mit Opfergeräten (Heddernneim).

den Adler oder Blitz, an Weihaltären für Apollo den Dreifuß usw. Auf der Vorderseite nennt eine Inschrift die Gottheit, welcher der Altar gewidmet ist, sowie Namen und Stand des Stifters, oft auch Grund und Zweck der

Abb. 248. Nymphenaltar (Saalburg).

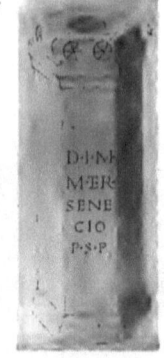
Abb. 349. Mithrasaltar (Heddernheim).

Stiftung. Die Kultaltäre standen in oder vor den Tempeln, den Kultstatuen und sonstigen Votivdenkmälern, wie z. B. der Mainzer Juppitersäule. Dort ist der vor der Säule stehende

Altar von denselben Stiftern geweiht wie die Säule selbst, und an ihm wurden Juppiter die feierlichen Opfer im Dienste des Kaiserkultes dargebracht.

Die obere Seite des Altares zeigt meistens links und rechts ein aufliegendes Rundholz, dessen Köpfe durch Kerbschnittornamente verziert sind, oder ein zylindrisches Polster mit übergelegter, aufgerollter Decke. Die Mitte nimmt eine Schale zum Verbrennen der Opfergaben ein. Bei den Votivaltären, die für Kultzwecke niemals Verwendung fanden, hat dies alles natürlich nur mehr symbolische Bedeutung (Abb. 347—349).

Zu Kultzwecken dienten die auf dem Altar Abb. 347 dargestellten Geräte, wie Opfermesser, Kanne, Räucherpfanne u. a. Ferner die Räucherschale mit hohem Fuß (Abb. 350). Auch das Lichthäuschen wurde wohl zu Kultzwecken auf das Grab gestellt (Abb. 351).

Abb. 350. Räucherschale mit hohem Fuß.

Abb. 351. Lichthäuschen als Grabmal oder zu funeralen Zwecken aufs Grab gestellt.

Abb. 352. Juppitersäule bei der Saalburg. (Nach dem Mainzer Original.)

Kaiserkultus.

Die religiösen Verhältnisse in den beiden ersten Jahrhunderten der Kaiserzeit erhalten ihr besonderes Gepräge durch die Ausdehnung des Kaiserkultes und durch das Eindringen fremdländischer Gottheiten in das römische Sakralwesen.

Abb. 353. Reliefschmuck der Mainzer Juppitersäule.
Victoria zwischen Mars und Neptun zur Verherrlichung der Siege des Kaisers zu Lande und zu Wasser.

Der Kaiserkultus, die göttliche Verehrung des lebenden Monarchen, ausgegangen vom Orient (Ägypten, Persien, Indien) und über Griechenland (Alexander d. Gr., Diadochen) nach Italien gekommen, beginnt schon in der Übergangszeit von der Republik zum Kaisertum. Cäsar, Pompejus und Augustus ließen sich, und zwar mehr in den Provinzen als in Italien und Rom selbst, göttliche Huldigungen gefallen, und durch Augustus erhielt diese göttliche Verehrung staatliche Konzession und Form. In der Verbindung „Romae et Augusto" wird dem Kaiser z. B. in Lyon, der Hauptstadt der tres Galliae, und in zahlreichen anderen Provinzen ein Tempel geweiht, Roma tritt im Kult allmählich zurück, und dem Augustus allein gilt weiterhin der Gottesdienst.

Das bedeutendste Denkmal des Kaiserkultes in Germanien ist die 1904 in 2000 Bruchstücken aufgefundene Mainzer Juppitersäule. Vor dieser Säule stand ein gleichfalls noch erhaltener Altar, an dem bei festlichen Gelegenheiten „pro salute Neronis" geopfert wurde (Abb. 352).

Juppiter- und Gigantensäulen.

Die beiden Denkmälergattungen sind verwandt im Aufbau, aber verschieden in dem die Säule krönenden Hauptteil.

Er besteht bei den Juppitersäulen in dem Stand- oder Sitzbild eines Juppiter, bei den Gigantensäulen in der Gruppe eines über einem schlangenfüßigen Giganten dargestellten bewaffneten Reiters.

Die älteste und weitaus hervorragendste Juppitersäule ist die in Mainz gefundene der Brüder Samus und Severus, in Stein auf der Saalburg nachgebildet (Abb. 352). Sie ist Juppiter für das Wohlergehen des Kaiser Nero, also unter dessen Regierung (54—68 n. Chr.) von den Bewohnern des um das Kastell in Mainz entstandenen Lagerdorfes geweiht (gemäß dem Wortlaut ihrer Inschrift). Die Säule ist 12^1/$_2$ m, d. h. 2—3mal so hoch wie die verwandten Denkmäler und nicht wie diese höchstens mit wenigen Figuren geschmückt, sondern ringsum mit Reliefschmuck umzogen. Juppiters vergoldetes Bronzestandbild mit Blitz, Zepter und Adler krönt das Ganze.

Die Gigantensäulen kommen erst viel später auf als die Juppitersäulen, nämlich erst zu Anfang des 3. Jahrh. n. Chr. Die krönende Gruppe

Abb. 354. Schiersteiner Gigantensäule.

Abb. 355. Mithrasbild aus Heddernheim, Vorderseite (Wiesbaden).

Abb. 356. Mithrasbild von Neuenheim. (Nach Fritsch, Aus Badens röm. Vorzeit.)

Von den fremdländischen Gottheiten, die bereits im 1. Jahrhundert n. Chr. in Rom und in den römischen Provinzen Eingang fanden, ist die wichtigste der altpersische Lichtgott Mithras. Hauptsächlich durch die peregrinen Truppenkörper im römischen Heere wurde dieser fremde Gott im römischen Provinzialkult eingeführt, und seine Verehrung entwickelte sich bald so weit, daß es kaum einen Ort im Limesgebiet gibt, wo sein Dienst nicht zahlreiche Spuren in Tempeln und Skulpturen hinterlassen hätte. Gerade in Deutschland sind die meisten Mithrastempel (Mithräen), die größten und interessantesten Mithrasskulpturen zutage gekommen, besonders in Osterburken, Neuenheim bei Heidelberg (Abb. 356) und Heddernheim bei Frankfurt a. M. In Heddernheim haben sich drei Mithreen gefunden und zwei aus ihnen stammende, vorzüglich erhaltene Kultbilder (Abb. 355, 360). Diese Kultreliefs sind stets im Hintergrunde der Cella angebracht und bilden den Mittelpunkt der religiösen Handlung. Nach der persischen Sage war der aus Felsen geborene Mithras der Gehilfe des Lichtgottes Ormuzd gegen den Gott des Bösen Ahriman. Im Auf-

weicht bei den zahlreichen Vertretern dieser Denkmälergattung in wesentlichen Einzelheiten so sehr voneinander ab, daß eine endgültige Deutung bis jetzt noch nicht gefunden ist (Abb. 354). Ein Teil der Forscher sieht in dem Reiter einen germanischen oder keltischen Himmelsgott und in dem Giganten eine Verkörperung der Erde. Ein anderer Teil hält den Reiter

Abb. 357. Mithras, den Stier tötend (London).

Abb. 358. Fackelträger (Stockstadt).

für einen als Juppiter dargestellten römischen Kaiser, der über einen besiegten Giganten als Sammelausdruck für die besiegten Germanen hinwegsprengt.

Nach Dr. Quilling haben wir in diesen Säulen Erdbebendenkmäler vor uns; der rebellische Gigant, der die Erderschütterung verursacht hat, wird durch das Eingreifen eines über ihn dahinreitenden Gottes gebändigt.

trage des Ormuzd tötet Mithras den von diesem geschaffenen Urstier, aus dessen Blut und Körper das vegetabile und animalische Leben auf Erden entsteht. Ahriman entsendet, um diese Schöpfung zu verhindern, den Skorpion und andere Tiere, aber umsonst. Die Kultreliefs zeigen durchweg eine entsprechende Darstellung: Mithras, in orientalischer Tracht, faßt den niederbrechenden

Stier bei den Nüstern und bohrt ihm einen Dolch in die Flanke. Ein Hund oder eine Schlange lecken das aus der Wunde strömende Blut, das Symbol der Stärke; der Schwanz des Tieres beginnt bereits, sich in Ähren, der Körper oft in Trauben zu verwandeln. Zu beiden Seiten stehen Fackelträger (Cautes und Cautopates) mit erhobener oder gesenkter Fackel zur symbolischen Andeutung des aufgehenden und sinkenden Lichtes (Abb. 358). Das in der Figur 360 abgebildete Exemplar eines Kultbildes (aus Heddernheim, im Museum zu Wiesbaden) ist ausnahmsweise auch auf der Rückseite skulpiert: Der Stier liegt tot hingestreckt am Boden; hinter ihm stehen Mithras und der Sonnengott, kenntlich an der Peitsche. Sol überreicht dem Mithras eine große Traube, das Zeichen feuriger Lebensdauer, und links und rechts tragen Kinder Körbe mit Früchten. Über dem Gotte werden die durch den Tod des Stieres geschaffenen Tiere sichtbar.

Abb. 360. Mithrasdenkmal (Heddernheim), Rückseite (Wiesbaden).

Wie nach der Sage der Stier in der Höhle des Mithras erlegt wurde, so fand auch die Verehrung des Gottes in unterirdischen Räumen, sei es natürlichen Felshöhlen oder künstlich angelegten „Speläen" statt. Von einem

Abb. 359. Silberplättchen mit Mithrasdarstellung (Saalburg).

durch Säulen getragenen, überdachten Vorraume aus stieg man mehrere Stufen zu der lichtlos gehaltenen Cella hinab. Sie enthält links und rechts erhöhte Podien, auf denen die in die Mithrasmysterien Eingeweihten Platz nahmen, und im Hintergrunde das Kultbild (Abb. 361A). Vor diesem Relief und im Mittelgange zwischen beiden Podien B standen die Ministranten, die den heiligen Akt vornahmen. Das Kultbild war nur durch Tonlämpchen spärlich beleuchtet, aber Lichteffekte aller Art, geheimnisvolle Musik, schreckhafte Phantome wirkten zusammen, um in den Andächtigen eine religiös-furchtsame Stimmung zu erzeugen. Vor dem Altarbild wurden Blutopfer dargebracht, wie aufgefundene

Abb. 361. Mithrasheiligtum zu Carnuntum (rekonstruiert)

Blutgruben und die Knochen zahlreicher Opfertiere beweisen. Sonst hat der Mithrasdienst manches mit der christlichen Lehre gemeinsam: Taufe, Konfirmation, Abendmahl, Unsterblichkeitsglauben usw. Durch die Ausbreitung des Christentums und seine Anerkennung als Staatsreligion unter Konstantin I. wird der Mithraskultus mehr und mehr zurückgedrängt, bis er um etwa 400 n. Chr. vollständig erlischt.

Gleichzeitig mit dem Mithraskultus zieht auch ein anderer, ihm eng verbundener Gottesdienst ein, der der Kybele. Der Hauptsitz dieser alten kleinasiatischen Göttermutter, Erd- und Berggöttin war in Phrygien, wo sich ihre Höhle befand mit dem ihr heiligen Meteorstein und dem Grab ihres Geliebten Attis. Diesen hatte sie zur Strafe für Untreue mit Wahnsinn umnachtet, so daß er sich selbst tötete und unter einem Fichtenbaum verschied. Doch aus seinem Blut entsprossen Veilchen,

Als mütterliche Gottheit stand Kybele dem weiblichen Geschlecht besonders nahe und während sich die Männer zum Mithrasdienste vereinigten, huldigten die Frauen,

Abb. 363. Epona von Königsbach i. B.
(Nach Fritsch, Aus Badens röm. Vorzeit.)

die von der Teilnahme am Mithrasdienste grundsätzlich ausgeschlossen waren, der Kybeleverehrung.

Dolichenus, der syrische Juppiter, gleich Mithras ein Heeresgott und durch die orientalischen Truppen

Abb. 364. Matronenstein.

Abb. 362. Dolichenustafel aus Heddernheim (Wiesbaden).

und er stand von den Toten wieder auf, zu Kybeles Freude, die seinen Verlust schmerzlich beklagt hatte. Diese Sage, deutlich ein Hymnus auf das Sterben und Wiedererwachen der Natur, lag auch dem Kybelekultus zugrunde. Von Italien aus verbreitete sich der Dienst der Magna Mater nach Gallien und Germanien, wo er vornehmlich in den Rheinlanden Fuß faßte. Die Darstellungen zeigen Kybele, meist als Städtegründerin mit der Mauerkrone, auf einem Gespann ihrer heiligen Tiere, der Löwen fahrend oder auf einem Löwen reitend.

im Westen eingeführt, ist im Städtchen Doliche in Kommagene beheimatet und wandert nach der Einverleibung dieses Königtumes in das Römerreich unter

Vespasian durch ganz Italien, die Donauländer, Gallien, Germanien und Britannien. Zahlreiche Kastelle längs des Limes und am Rhein haben Denksteine des Gottes geliefert. Sie zeigen ihn stets auf einem nach rechts schreitenden Stiere stehend, vollkommen bewaffnet, einander stehend, nur selten sitzend dargestellt, Merkur mit seinen üblichen Attributen, die Göttin ebenfalls

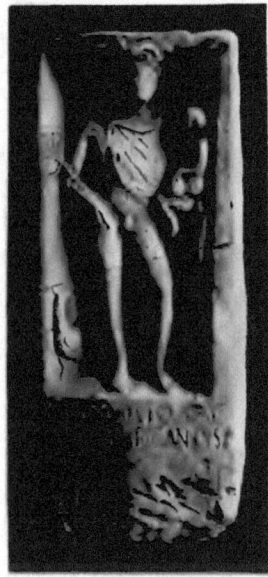

Abb. 365. Merkur mit Bacchusknaben (Spachbach i. E.)
Nach Forrer, Das röm. Straßburg.)

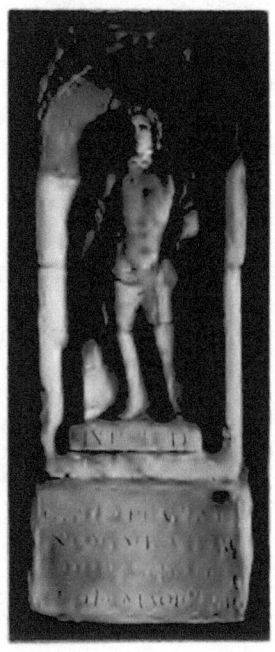

Abb. 367. Genius.

statt des Helmes öfters mit phrygischer Mütze bedeckt, in der linken Hand den Blitz, in der rechten ein Doppelbeil haltend. Man pflegte dem Gotte dreieckige pyramidenförmige Tafeln aus Bronze mit Reliefverzierung oder Gravierung zu weihen, gleich der hier abgebildeten aus Heddernheim (Abb. 362): Der Gott ist in der typischen Weise dargestellt. Links und rechts unter ihm befinden sich die Büsten von Herkules und Minerva, links hinter ihm schreitet Viktoria mit Kranz und Palme nach rechts, oben erscheinen die Köpfe von Sol und Luna.

Während der Kultus der genannten drei Gottheiten aus dem Osten nach dem Westen verpflanzt wurde, sind die beiden folgenden Göttinnen im Westen, und zwar in Gallien und Obergermanien, heimisch: Rosmerta und Epona.

Rosmerta ist die Gefährtin des gallischen Merkur. Meistens werden beide Gottheiten neben-

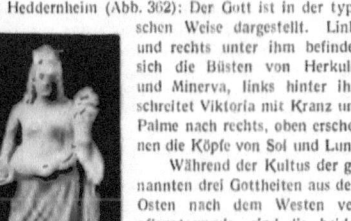

Abb. 366. Genius.

mit Schlangenstab oder Geldbeutel, manchmal auch als Segensgöttin mit dem Füllhorn.

Epona. Eine gallische Pferdegöttin und Schutzherrin der Reiterei. Sie wird entweder sitzend, von Pferden umgeben, oder auf einem Pferde reitend abgebildet. Am Limes haben sich vielfach solche Darstellungen gefunden (Abb.[1] 363).

Daneben tritt noch eine ganze Reihe von Gottheiten auf, meist unter lateinischen Namen, wie Merkur (Abb. 364), Mars, Herkules, Apollo, Minerva, aber es ist wahrscheinlich, daß sich hinter diesen einheimische Gottheiten verbergen, also unter den drei erstgenannten Wotan, Ziu und Donar.

Zum einheimischen Kult gehört auch die Verehrung der Mütter, matres, die auf den Denkmälern meist zu dreien auftreten. Sie tragen als Göttinnen der Fruchtbarkeit und des Segens Früchte und

Abb. 368.
Hausgottheit.

Tiere im Schoß und kommen als vielverehrte Schutzgottheiten in Gallien wie in Germanien vor. Römisch hingegen ist wiederum die Verehrung der Genien, die wir als Schutzgottheiten des Lagers, der Truppenteile, Straßen usw. finden (Abb. 364, 365). Ihnen verwandt sind die Gottheiten, denen wir als Hausgöttern in vielen Tonfiguren begegnen; Hund, Kind, Füllhorn u. ä. sind ihre Attribute (Abb. 368).

Christentum.

In das römisch-germanische Gebiet brachten das junge Christentum weniger die römischen Legionen — hier hatte die neue Lehre im Mithraskulte und bis zu einem gewissen Grade auch im amtlichen Kaiserkulte einen erfolgreichen Nebenbuhler —, weit einflußreichere Vermittler waren vielmehr Handel und Industrie. Ihren Ausgangspunkt nimmt hier die Verbreitung auch weniger von Italien und Rom aus als unmittelbar vom Osten (Syrien und Alexandria) her. Von hier aus spannen sich die Handelsverbindungen über Massilia nach dem römischen Gallien, und hier zog nun der christliche Kaufmann und Handwerker auf der uralten Handelsstraße das Rhonetal aufwärts in die gallischen Provinzen und weiterhin nach dem Rheine in germanisches Provinzialgebiet. Inschriften in griechischer Sprache auf christlichen Denkmälern, wie sie sich besonders zahlreich in Trier, wo schon bald nach 250 Christen nachweisbar sind, vereinzelt auch in Mainz und anderwärts gefunden haben, bestätigen für unser Gebiet die Herkunft des Christentums aus dem hellenistischen Osten. An die untere Donau kam das Christentum von Osten her nach Pannonien und von da an die Grenze deutschen Landes, an die obere Donau wohl über die Alpen. Auch hier waren die Römerstraßen die Kanäle für den neuen Glauben.

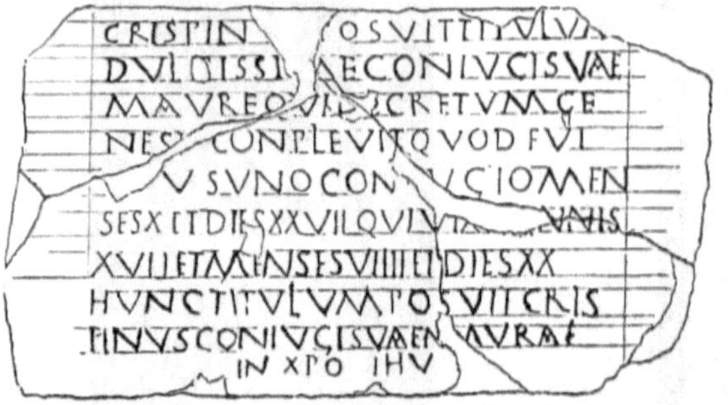

Geordnete christliche Gemeinden begegnen uns aber auf heute deutschem Boden erst von der konstantinischen Zeit, d. i. den ersten Jahrzehnten des 4. Jahrh. an, und auch hier nur in den großen Städten. Köln, Trier, Mainz sind damals schon nachweisbare Bischofssitze und bleiben es auch in der Folgezeit.

Abb. 369. Altchristlicher Grabstein der Maura (Mainz).
„Crispinus errichtete den Grabstein seiner süßesten Gattin Maura, die den Ratschluß der Schöpfung erfüllte, daß unsere Ehe nur 12 Monate und 27 Tage dauerte. Sie lebte 17 Jahre, 9 Monate und 20 Tage. Diesen Grabstein errichtete Crispinus seiner Gattin Maura in Christo Jesu."

Abb. 370. Altchristlicher Grabstein des Badegisel (Mainz).
„In diesem Grabe ruht gesegneten Angedenkens der Priester Badegisel, der in Frieden 50 Jahre glücklich lebte."

Gerade für die Übergangszeit, in der nach und nach am Rheine und an der Donau die germanischen Stämme endgültig die Römerherrschaft beseitigten, es ist die Zeit des 5. Jahrh., fließen für die Geschichte des Christentums in diesen Gebieten unsere Quellen sehr dürftig. Mit Sicherheit darf aber angenommen werden, daß durch die ganze Völkerwanderungszeit hindurch, wenigstens am Rheine, das Christentum weiterbestand. Das beweisen insbesondere die Mainzer frühchristlichen Inschriften. Für die Zeit um 500 gibt uns eine von Eugippius verfaßte Lebensbeschreibung des heiligen Severinus ein anschauliches Bild von der Lage und den Schicksalen der christlichen Gemeinden in den Donaustädten des römischen Noricums; ähnlich werden auch sicher die Verhältnisse am Rheine gelegen haben. Den bereits zu Anfang des 5. Jahrh. von hier abberufenen Legionen waren nach und nach auch die römischen Beamten gefolgt. Ihre Verwaltungstätigkeit, insbesondere auch die Verhandlungen mit den unaufhörlich mit ihren Scharen über die römischen Grenzen vordringenden Germanenfürsten übernahmen nun die Bischöfe der einzelnen Städte und damit auch die Sorge für das Wohl und Wehe ihrer Einwohner.

Auch über die Einrichtung der Christengemeinden in dieser Übergangszeit (5. u. 6. Jahrh.) wissen wir nicht viel. In den großen Städten, in denen das Leben nach und nach unter fränkischer Herrschaft einen mehr ländlichen oder landwirtschaftlichen Charakter angenommen hatte, bildeten sich im Laufe der Zeit Pfarrgemeinden (Köln, Trier). Die Seelsorge lag in den Händen von geistlichen Priestern (Presbytern), die sich vielfach unter dem Einflusse des ebenfalls aus dem Osten (nach Gallien und Irland) vorgedrungenen Mönchtums zu einer Art klösterlichen oder stiftischen Lebens (vita communis) unter einem Vorsteher (Aba, Abte) zusammentaten.

Wohl erwähnen unsere Quellen schon für das 4. Jahrh. in den großen Städten (Mainz, Köln, Trier) christliche Kirchen, über deren Grundrißgestaltung ist uns aber bis jetzt nichts Näheres bekannt. So wissen wir auch nicht, ob schon damals das im Oriente bereits vollständig entwickelte Schema der frühchristlichen Basilika auch hier im fernen Westen Eingang gefunden hatte, wie dies durch die noch erhaltenen Reste für die spätere (karolingische) Zeit feststeht. Mehrfach

lehnt man sich bisweilen an die des römischen Cippus an, daneben verwendet man meist die einfache Platte, die auf das Grab selbst gestellt oder gelegt oder auch an der Mauer der Friedhofskapelle (des Oratoriums) befestigt wurde. Sprache und Schrift zeigen die allmähliche Barbarisierung. Im 4. und 5. Jahrh. begegnen uns hier noch lateinische Namen, an ihre Stelle treten, etwa vom Ende des 5. Jahrh. ab, echt deutsche (Abb. 369, 370). Die Symbole sind hier dieselben, wie wir sie auch auf den christlichen Grabsteinen im Süden und Osten des Römerreiches finden: das seit Konstantin für den Namen Christi allgemein zur Verwendung kommende sog. Monogramm Christi, oft auch noch von einem Kranze umgeben, dann noch A und Ω, das Symbol der ewigen Gottheit Christi, die Taube als Sinnbild der Sanftmut oder der Unschuld, der Pfau, das der Unsterblichkeit, der Palmwedel, das Zeichen des sieghaften Glaubens, u. a. m.

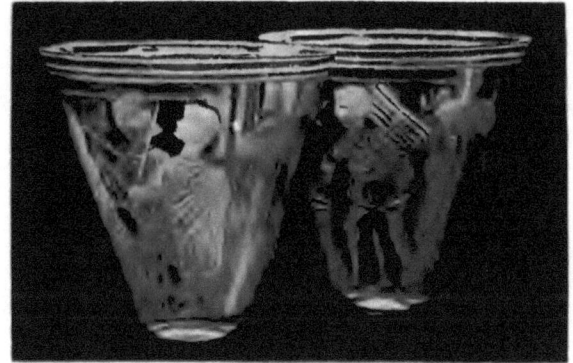

Abb. 371. Altchristlicher Glasbecher (mit Moses und Isaaks Opferung).
(Nach Forrer, Das röm. Straßburg.)

hören wir, daß diese Kirchen (Oratorien oder Bethäuser, die wir uns vielleicht nur als einfache Saalbauten oder Hallen vorzustellen haben) nicht innerhalb der römischen Stadt, sondern unmittelbar vor ihr lagen oder angelegt wurden. Nicht ausgeschlossen ist auch, daß sich späterhin (in fränkischer Zeit) innerhalb der Städte über den Trümmern römischer Tempelbauten christliche Kirchen erhoben, jedenfalls finden wir bei einer ganzen Reihe ehemaliger Römerkastelle auf der Stelle des Prätoriums bzw. Sacellums später Kirchen.

Einen einigermaßen deutlicheren Blick in das Leben der Christen in den Römerstädten im Rheingebiete gestatten uns die frühchristlichen Inschriften, wie sie sich besonders zahlreich in Trier und zuletzt auch in Mainz gefunden haben. Auch sie zeigen uns, wie hier vom 4. Jahrh. ab durch die ganze Völkerwanderungszeit hindurch und weiterhin in die Zeit der fränkischen Herrschaft das Christentum ruhig weiterbestand. Die alten römischen Friedhöfe und auf ihnen auch die römischen Sarkophage werden von den Christen weiterbenutzt (St. Alban bei Mainz). In der Form der Grabsteine

Daß in römischer Zeit die Christen den Denkmälern römischer Götterverehrung ausgesprochen feindlich gegenüberstanden, ist wohl kaum anzunehmen; erst mit Beginn der Vor- oder Alleinherrschaft des Christentums mögen sich hier die Gegensätze bis zu tätlichen Eingriffen zugespitzt haben. Hier richtet sich aber christlicher Zerstörungseifer in erster Linie gegen die bildlichen Darstellungen. Eigentümlich ist es, daß man gerade Bruchstücke von Götterfiguren in Brunnen findet, daß die Trümmer der nachweislich mit Absicht und Gewalt zerstörten großen Mainzer Juppitersäule geschlossen in einer grubenartigen Vertiefung ruhten. Kaum aber wird man sich an den römischen Tempeln selbst oder gar an anderen Bauwerken vergriffen haben. Unbenutzt und verwahrlost gerieten sie nach und nach in Verfall. Als dann gerade in den alten Römerstädten am Rheine und an der Donau von den Zeiten Karls des Großen ab von neuem die Baulust erwachte und im Laufe der nächsten Jahrhunderte der romanische Kirchenbau erblühte, sah man in den Ruinen nicht mehr die Zeugen heidnischen Götzendienstes, sondern lediglich willkommene Steinbrüche für Kirchen- und Klosterbauten.

Aus der Fülle der Funde konnte naturgemäß im vorhergehenden nur eine kleine Auswahl gegeben werden; sie dürfte aber genügen, schon nach flüchtiger Durchmusterung auch dem Nichtfachmann zu zeigen, daß wir keineswegs befugt sind, die Römerherrschaft auf germanischem Boden als eine Zeit entstehender Knechtschaft zu bezeichnen. Wir haben vielmehr mit den wichtigsten Zeitabschnitt der deutschen Geschichte vor uns, in dem, um ein Wort unseres Kaisers zu gebrauchen, der Same römischer Kultur befruchtend auf Germanien gefallen ist.

Die Limes, die Sperrung der Rhein- und Donaugrenze, gereichte den Germanen zur größten Wohltat. Was, wie Cramer[1]) so vortrefflich ausführt, die römischen Cäsaren ersannen den blondhaarigen Recken zum Trutz, das gerade ward deutschem Wesen zum Schutz. Der Limes und die niederrheinischen Sperrforts brachten die Germanen zum Stehen. In feste Grenzen gebannt, gewöhnten sich die westlichen Stämme, sich häuslich einzurichten und ihren Grund und Boden intensiver auszunutzen. Das Gebundensein an die Scholle war die Vorbedingung zur politischen Erstarkung, und die gemeinschaftliche Gegnerschaft gegen Rom das einigende Band für die feindlichen Bruderstämme. Damit Hand in Hand ging die Schule der Kultur, der verfeinerten Formen römischer Zivilisation. Der westgermanische Bauer, der germanische Händler trat ein in das vielgestaltige, reich bewegte Städteleben, das in zahlreichen Orten, Lagerstädten und Handelsplätzen sich entfaltete. Wie werden ihn der Kaiserpalast und das Amphitheater zu Trier, die gewaltige Wasserleitung, die, aus der Eifel kommend, bei Köln mündete, die ausgedehnten Kasernen im Lager zu Neuß (Novesium) im Innersten ergriffen und angeregt haben! Die wohlgepflegten Heerstraßen, die herrlichen Grabdenkmäler, von denen jene hier und da umsäumt wurden, die Betriebsamkeit der Industrie, endlich der Weinbau und die Schiffahrt der Mosel, das alles konnte nicht spurlos an den Söhnen Teuts vorübergehen. Willig nahm der Germane das Neue, das ihm bei der römischen Ackerbestellung, beim Steinbau, in Handwerk und Gewerbe entgegentrat, erfaßte es und gestaltete es im eigenen Sinne weiter, und durch die Stürme der Völkerwanderung rettete sich eine Fülle jenes Samens, den der Römer ausgestreut, und entwickelte sich zu Keimen, die noch heute Sprossen und Früchte tragen.

---

[1]) Römisch-germanische Studien, S. 477.

SACHVERZEICHNIS

Die Zahlen verweisen auf die Seiten

Abnahmestempel 47
Adler 65
Ala 8
Altar 109f.
Altkönig 21
Amboß 85
Amphitheater 33, 118
Amphora 75
Amulett 98
Anker 21
Apfelwein 95
Apodyterium 32
Aquädukt 41
Archiv 6
Armband 98
Armbrust 53
Armbrustfibel 98f.
Armillae 68
Armring 68, 98
Ärztliche Instrumente 90
Aschenbehälter 103
Atrium 6
Augenfibel 100
Auskleideraum 32
Auszeichnungen, milit. 67f.
Axt 87

Backofen 84
Backschaufel 83
Badeeinrichtung 31
Badegebäude 6, 32
Bäder 32, 33
Baracken 5
Barbotine 73
Basilika 35
Bauinschrift 91, 92
Bauwesen 45
Becher 75
Begräbnis 102
Begräbnisplätze 35, 108
Beigaben der Toten 108
Beil 87
Beleuchtung 43
Belgische Gefäße 75
Beneficiarii 14
Berme 5
Bernstein 24
Besatzung 4, 8
Bethäuser 117
Bevölkerung 1, 65
Bewässerungskanäle 41
Bewaffnung 51
Bezirk (pagus) 39
Bier 95
Bildhauerkunst 45f.
Bille 82
Binnenhof 27, 29
Bleimedaillon 68
Bogen 53, germ. 61
Bohlenweg 24

Brandgruben 109
Brennofen 71f.
Brennstempel 24, 92
Brettspiel 101
Bronzebeschläge 98
Bronzeeimer 94
Bronzelampen 43
Bronzeleuchter 44
Bronzeseiher 95
Bronzewaren 24
Brot 84
Brotstempel 84
Brücke 24
Brückenrost 25
Brunnen 29, 39, 41
Brunneneimer 40
Brunnenhaspel 39
Brunnenseil 39
Brunnenstein 41
Brunnenverschalung 39
Buchstaben 91
Bucina 69
Bürgerhäuser 28
Bürgerkranz 67
Bustum 107

Caldarium 32
Canabae 28
Capricorn 65
Cassis s. Helm
Cautes 113˙
Cautopates 113
Centurio 5, 51
Chattenfeldzug 2
Christentum 116f.
Cingulum 52
Cippus 103, 117
Corona 67f.
Cornu 68
Cursus publicus 14

Deckenbekleidung 48
Dolabrarii 18
Dolch 52
Dolichenus 114
Donar 18, 24
Donnersberg 21
Doppelgraben 5
Dorfanlage, germ. 35
Draco 67
Drahtpanzer 54
Dreifuß 43

Egge 90
Ehrenbogen 35
Ehrenfahne 68
Ehrenlanze 68
Ehrenzeichen 67f.
Eichelstein 106
Eimer 40, 96
Einbaum 51

Einzelhof, germ. 35
Eisenbearbeitung 96
Entwässerung 41
Epona 115
Erdhügel 109
Erdkastell 2, 3, 4
Erdschanzen 4
Erdwohnung 38
Ernährung des Soldaten 54
Estrich 46
Euthytonon 56
Excubitorium 6
Exerzierhalle 6

Fachwerkbau 45
Fackel 44
Fackelträger 44
Fahne 65
Faß 94f.
Faßgläser 81
Feder 90
Feile 85
Feldbergkastell 2
Feldlager 3
Feldzeichen 65f., germ. 62
Fensterglas 28, 82
Feuerbock 44
Feuererzeugung 45
Feuerraum 43
Feuerschaufel 43
Feuerstahl 45
Feuerstatt 42, 43
Feuerstein 45
Fibel 98
Fingerring 98
Fischehenspiel 102
Fischgrätenverband 45f.
Flachziegel 48
Fleischhaken 86
Fliehburgen 23
Focale 51
Formschüssel 74
Framea 58
Francisca 59
Friesplatte 49
Frigidarium 32
Fußbekleidung, germ. 64 röm. 96

Gabel 89
Garnisonen der Kastelle 3f.
Gartenbau 89
Gasthäuser 14
Gefäße, belgische Ä 75, germ. 77f., röm. 74f.
Gemme 64, 98
Genius 116
Germanen, Aussehen 64

Geschütze 55f.
Geschützkugeln 58
Gesichtsurnen 50, 75
Gewandnadeln 98f.
Gewichte 93
Gickelsburg 22
Gigantensäule 111
Gladius 51
Glasburgen 23
Gläser 80f.
Glashütten 81
Glöckchen 70
Grabbauten 104
Gräber 103f.
Grabhäuschen 38
Grabsteine 103, christl. 116f.
Graffiti 47, 91
Grenzstein 14
Grenzwall 1f.
Griffel 90
Gürtel 52, 64
Gürtelbeschlag 52
Gutshöfe 29

Haartracht, germ. 64
Haarzange 96
Hacke 89
Hackmesser 86
Hafen 18
Hakenkreuz 98
Halskette 98
Halsring 68, 98
Halstuch 51
Hammer 85
Handelswege 13f.
Handmühle 84
Handstempel 74
Handwerkszeug 85f.
Hasta 53
Haufendorf 35
Haus, germ. 38
Haus, röm. 26f.
Hausgenossenschaft 39
Haushaltsgeräte 96
Hebelstangengebiß 69
Heißluftbad 32
Heizgeräte 43
Heizung 42
Helm 53, germ. 62
Hemd 63
Herd 33, 42
Heugabel 89
Hiebaxt 59
Hiebschwert 58
Hildesheimer Silberfund 95
Hilfstruppen 8
Hinkelsteintypus 77
Hof der Kastelle 6
Hohenstaufen 2

Hohlziegel 48
Holzeimer 85
Holzgeräte 84
Holzfachwerk 45
Holzschlegel 24
Holztürme 2, 3
Holzwege 14
Horn 68
Horreum 6
Hosen der Germ. 63
Hügelgräber 109
Hufeisen 70
Hufschuhe 71
Hütten, germ. 38
Hypokausten 42

Igeler Säule 19, 104
Itinerarium 13

Juppitersäule 49, 111

Kaiserkult 111
Kaiserpalast 35, 118
Kaltbad 32
Kamm 101
Kampfbeil 59
Kanal 4
Kandelaber 44
Kappzaum 70
Kastelle 4f.
Kelle 87
Keller 28, 29
Keramik 71f.
Kerbschnitt 74
Kirchen 117
Kniefibel 100
Kniehosen 51
Knopf 99
Kohlenpfannen 44
Kohorten 8
Kohortenkastelle 4
Koloseum 33
Kopffibel 100
Kontubernium 5
Krug 75
Küche 37
Küferwerkzeuge 94
Kultwesen 102
Kunkel 85
Kunst 45f.
Kuriere 14
Kursivschrift 91
Kybele 114

Labarum 67
Lagerdorf 29
Lagerheiligtum 6
Lampe 44
Landkarten 13
Ländliche Siedlungen 20
Langschwert 52

119

Lanze 53, germ. 58
Lanzette 90
Lastfuhrwerk 19
Legion 8
Legionslager 4
Legionssoldat 51
Legionsstempel 47
Leibrock 51
Leichenverbrennung 106
Lettern 92
Leuchter 43, 44
Lichtfaß 44
Lichthäuschen 110
Limes 1, 2
Lituus 68
Löffel 89, 96
Lorica 62
Luxusvillen 31

Maßstab 87
Mäanderurne 80
Magazin 6
Magna Mater 114
Mahltrog 84
Main 2, 18
Mansio 14
Mantel 51, germ. 63
Matres 115
Matrosen 18
Mauerbau 45
Mauerpilum 53
Maurerwerkzeuge 87
Meilenstein 13
Messer 59, 86f., 96
Met 95
Metallfeder 90
Metzgergeräte 87
Militärdiplom 13
Militärziegelei 47
Mischbevölkerung 65
Mischkessel 95
Mistgabel 89
Mithras 111f.
Mithreum 112
Modellschlüssel 74
Mörtel 46
Mosaik 47
Moselbrücke 25
Mühlen 82
Mühlespiel 101
Mühlsteine 82
Münzen 93f.
Mütter 115
Mulus Marianus 55
Mundvorrat 55
Musikinstrumente 68
Mutationes 14

Nagelzieher 87
Nehalennia 18, 19
Netzmauerwerk 46
Numeri 4, 8

Obstbau 89
Öllampe 44
Okulistenstempel 90

Ösenplatten 69f.
Ohrringe 101
Onager 56
Opfergeräte 109
Oratorium 117
Orden 56
Ortband 52
Ortschaft 39

Pachtzahlung 50
Paenula 51
Palintonon 56
Palisaden 2
Panzer 62
Pfahl 2
Pfahlgraben 2
Pferdegebiß 69
Pferdegeschirr 69f.
Pflug 89, 96
Phalerae 68
Pilum 53
Pinzette 90
Pioniergeräte 54
Polybolon 56
Porta decumana 5
Porta Nigra 27
Porta Paphia 29
Porta praetoria 5
Porta principalis 6
Praefurnium 42
Praetorium 6
Principia 6
Pugio 52

Quadermauerwerk 46
Quästorium 6

Radnadel 101
Räderpflug 90
Räucherschale 110
Rasiermesser 96
Raster 89
Rebmesser 94
Rebstock 51, 68
Rechen 89
Reda 14
Reibschale 75, 82f.
Reichspost 14
Reihendorf 35
Reihengräber 109
Reisewagen 14
Rheinlinie 3
Riegel 86
Rieselkanal 42
Ringe 98
Ringpanzer 53
Ringschlüssel 86, 98
Ringwall 21
Rock, germ. 63
Röhren 41, 85
Rosmerta 115
Runddorf 36, 37
Rundling 36, 37
Runen 92

Sacellum 6
Säge 54

Sagum 51
Sammelbrunnen 39
Sandale 96
Sänfte 14, 19
Sarkophag 108
Sattel 71
Schaber 101
Schachtbrunnen 39
Schädel, germ. 65
Schärfstahl 89
Scheibenfibel 98, 100
Schere 96
Schieferdächer 48
Schienenpanzer 53
Schiffahrt 18f.
Schiffbrücke 24
Schiffe 18
Schiffergilde 19
Schild 54, germ. 59f.
Schildbeschlag 53
Schildbuckel 53, 59
Schindeldach 49
Schippe 89
Schlammkasten 41
Schlämmgrube 71
Schleuder 53
Schleuderblei 53
Schloß 86
Schlosserwerkzeuge 85
Schlüssel 86, 96
Schlüsselring 86, 98
Schmiedegerät 85
Schmucksachen 98
Schnalle 98f.
Schnellwage 93
Schnürschuhe 98
Schreibkunst 91
Schreibtafel 90
Schreinerwerkzeuge 85
Schuhe 96
Schuppenpanzer 53
Schüreisen 43
Schüssel 75
Schwert 51f., germ. 58f., 109
Schwitzbad 33
Scramasax 59
Scutum 54
Seihe 75
Senkblei 87
Sense 89, 96
Sichel 89, 96
Siedlungswesen 26, 35
Signum 65
Sippe 39
Skelettgräber 108
Soldatenbrot 84
Soldatengräber 104
Sonde 90
Sonnenuhr 90
Spachtel 90
Sparbüchse 76
Spatha 52
Spelaen 113
Spiegel 101
Spiele 33, 101

Spielbrett 102
Spielsteine 102
Spinnen 85
Spiralkeramik 77
Spitzgraben 5
Sporen 70f.
Spruchbecher 74
Stadtanlagen 26
Stadthäuser 26
Stadtmauer 29
Stadttore 29
Steigbügel 71
Steinbauten 37
Steinbohrer 44
Steinbruch 45
Steinholzkastell 2
Steinkastell 5
Steinmauer 2
Steinmetz 49
Steinreiber 84
Steinsarg 108
Steintürme 2
Stempel in Gefäßen 74
Stoßschwert 59
Straßen 13
Straßendorf 35
Straßenkarten 15f.
Streitaxt 59
Strumpf 64

Tabula Peutingeriana 13
Tabularium 6
Taschensonnenuhr 90
Tassen 73
Taunuslinie 15
Tegula 48
Tepidarium 32
Terra sigillata 71
Teufelsmauer 2
Theater 35
Thermen 32
Tintenfaß 91
Tongeschirr 71
Tonlampen 43
Tonmasken 35
Tormentum 55
Töpferei 71f.
Töpferofen 73
Töpferstempel 74f.
Tore des Kastells 5
Tore der Städte 29
Totenmahlreliefs 103
Toutonstein 15
Tracht der Germanen 63
Trensen 69f.
Trinkhorn 95
Triumphbogen 35
Trompete 68
Trophäe 56, 61
Tuba 68
Tunica 51
Türme 2
Türriegel 86
Überfanggläser 81

Uncialbuchstaben 91
Unsterblichkeitsglaube 113
Untergewand 63
Urnenfelder 109
Ustrina 107

Velarii 18
Verblendziegel 48
Verbrennung der Toten 106
Verbrennungsplatz 107
Verkehrswege, germ. 23
Verputz 46
Veteran 29
Vexierkanne 75
Vexillum 65
Villa bei den Kastellen 6
Villa rustica 29
Villa urbana 31
Villare 29
Vitis 51, 68
Vivarium 33
Volksgemeinde 39
Vorratshaus 37

Wachtlokal 6
Wachttürme 2f.
Waffenkammer 6
Waffenschmiede 5
Wage 93
Wagen 14, 96
Wagenrad 19, 84
Wallgang 5
Warmbad 32
Wasserbassin 40
Wasserkastelle 41
Wasserleitung 41, 118
Webehaus 37
Weinbau 94
Weiler 29, 35
Werkzeuge z. Brückenbau 25
Winkel 86
Wirtschaftsvilla 29
Wurfbeil 59
Würfelspiel 101

Zahnzange 90
Zange 85
Ziegel 47
Ziegeldächer 48
Ziegeleien 47
Ziegelplatten 48
Ziegelplattengrab 109
Ziegelstempel 47
Ziegel mit Rauchloch 42
Ziehbrunnen 40
Ziehfeder 91
Zierscheiben 70
Zimmermannsgeräte 87
Zinnensteine 49
Zirkel 87, 91
Zisterne 39
Zügelringe 70

www.ingramcontent.com/pod-product-compliance
Lightning Source LLC
Chambersburg PA
CBHW020420230426
43663CB00007BA/1242